アミ・ドメル-ディエニー著

演奏家のための
和声分析と演奏解釈

バッハからドゥビュッシーまで
― シューマン ―

生きている和声全集
第5巻 第8分冊

細野 孝興 訳

シンフォニア

L'ANALYSE HARMONIQUE EN EXEMPLES
ROBERT SCHUMANN

© Editions A. Dommel-Diény

目　　次

推薦の言葉　田村　宏 . . . . 　5

日本のみなさんへ　アミ・ドメル‐ディエニー . . . . . . 　6

訳者まえがき . . . . 　7

本書で用いる記号 . . . . 　9

著者による数字付けの一覧表 . . . . 　10

序文　グイード・アゴスティ . . . . 　13

序 . . . . 　17

子供の情景　作品15 . . . . 　21

　　1．知らない国々 . . . . 　24

　　2．珍しいお話 . . . . 　25

　　3．鬼ごっこ . . . . 　26

　　4．おねだり . . . . 　27

　　5．満足 . . . . 　30

　　6．大事件 . . . . 　33

　　7．トロイメライ . . . . 　33

　　8．炉ばたで . . . . 　36

　　9．木馬の騎士 . . . . 　37

　　10．むきになって . . . . 　38

　　11．おどかし . . . . 　38

　　12．子供は眠る . . . . 　39

　　13．詩人のお話 . . . . 　42

歌曲より6曲 . . . . 　45

　　1．異郷にて　作品39－1 . . . . . . 　47

　　2．そはフリュートとヴァイオリン　作品48－9 . . . 　53

　　3．われ夢に泣きぬ　作品48－13 . . . . . 　56

　　4．輝く夏の朝に　作品48－12 . . . . . . 　61

　　5．今汝初めてわれに悩みを与えぬ　作品42－8 . . . . 　67

　　6．胡桃の樹　作品25－3 . . . . . . 　69

変奏形式による交響的練習曲 作品13 75
　　主題 77
　　変奏曲Ⅰ 81
　　変奏曲Ⅱ 82
　　練習曲Ⅲ 84
　　変奏曲Ⅲ 84
　　変奏曲Ⅳ 85
　　変奏曲Ⅴ 85
　　変奏曲Ⅵ 85
　　変奏曲Ⅶ 86
　　練習曲Ⅸ 89
　　変奏曲Ⅷ 92
　　変奏曲Ⅸ 93
遺作の五つの変奏曲 95
　　変奏曲Ⅰ 95
　　変奏曲Ⅱ 96
　　変奏曲Ⅲ 98
　　変奏曲Ⅳ 99
　　変奏曲Ⅴ 100
訳者注 103

推 薦 の 言 葉

田村 宏

　我々の周囲における現在のピアノ教育現場では、まずはじめに鍵盤上の技術、次に楽譜の楽典的な考察による内容表現、というのが多く一般的な教育パターンのように見受けられる。もちろん楽曲の和声や形式の分析、様式の研究がその教育過程において全く無視されている、というわけではけっしてないが、それがある程度なされていても、楽曲の演奏解釈とは全く切り放された、ただ単なる理論としての認識によってのみ行われているのが通常である。本書の著者は、このような誤まったピアノ教育のあり方にするどい批判を加え、理想的な教育のあり方が本来いかにあるべきかを具体的実証の披瀝によって明確に説きあかしている。楽曲の音楽的な理解、内容表現はすべて和声の理解によってはじまるべきであり、それなくしては楽曲演奏はすべてただ単に感覚的直観力のみに頼った暗中模索的な、確信のないものでしかない、即ち、演奏家を志す学生にとって、和声分析と演奏解釈とは絶対不可分、不可欠の関係にあり、その考え方を前提とした練習でなければ昔の巨匠のいかなる作品もその完全な再現は不可能である、というのが著者の主張である。その意見には全く同感で、もちろん我々もけっしてそのことをいままで否定していたわけではなく、むしろそうあるべきことは当然と考えてはいても、現在のめまぐるしい流行や雑音、さまざまな誘惑が我々の判断をぐらつかせ、ともすれば教育の本来あるべき姿がただ単なる観念的な理想像になり易い、というのが実状である。本書はそういった現在の誤まった一部の風潮にたいする警鐘と受けとれるかもしれない。単なる理論書としての著書は現在他にも多く見られるが、それを実際の演奏解釈に結びつけ、その必然性を確信をもって論じた著書は非常に珍しく、有意義なものとして高く評価されてよい。また、この種の訳本にとかく感じられる読みづらさがなく、初心者にも理解し易く書かれている点、翻訳者、細野氏のすぐれた手腕の程がうかがえる。自信をもってすすめられる名著である。

日本のみなさんへ
──日本語版によせて──

　私は一つの事実を認めなければなりません。それは、日本の皆さんが私に幸運をもたらしてくれることです。私にとって二つ目の日本の出版社、シンフォニアが、私の生涯をかけた作品「生きている和声」全集のバッハからドゥビュッシーに至る、演奏家のための和声分析の日本語版を万全を期して出版してくださるのです。遠い国、日本が異なった言葉を話す私に全幅の信頼を再び寄せてくださることに感謝の念で一杯です。

　「音楽は人間を結びつける」というのは真実です。東京にバッハ・コーラスがあり、私自身が才能ある日本の女性を生徒に持ち、彼女達が理論家としてピアニストとして、モーツァルトを、ショパンを、祖先からの遺産であるかのように弾いたことを思い出す時、この言葉が繰り返し浮かんできます。

　私には小さい頃から東洋とのつながりがあり、その思想と芸術に深い関心を寄せています。私の書斎には、広重の素晴らしい鷲の絵が掛けてあります。沈黙の意味とその作用を生徒達に理解させようとする時、私は日本の友人から贈られた雪舟の「四季」の長い巻物をひもときます。そこでは空間というものが創造者であり、すべてがそこに存在していることが読みとれるからです。大切な贈り物をしなければならなかった時、私は宝物の中から繊細に彫られた日本の小さな象牙細工を選びました。その彫まれた小さな顔に最も機知に富んだ微笑がうかがえたからです。

　これは、国と国との隔たりには関係なしに共有することができるなんと美事な富でしょう。これこそ、まさに人間の友愛です。

　シンフォニアの方々、訳文を持って遠路はるばる訪ねてくださった細野氏にお礼を申しあげると共に、「生きている和声」と関わりを持ってくださるすべての方々にフランスより心からのご挨拶をお送りします。

　メルシー（ありがとう）　ボン・クーラージュ（がんばって）

1979年10月31日

　　　　　　　　　　　A・ドメル－ディエニー

訳者まえがき

ドメル-ディエニー夫人に初めてお目にかかったのは1979年の夏である。当時85才であった夫人はパリ郊外のソーで緑と花に囲まれて執筆活動を元気に続けておられた。夏の雨あがりの午後のやわらかな日ざしの中で出迎えて下さった夫人の笑顔が印象的であった。夫人は昨年の夏、87年の生涯を閉じられた。ここに心からご冥福を祈りたい。

1894年に生まれたアミ・ドメル-ディエニー夫人はパリのスコラ・カントルムでヴァンサン・ダンディーに作曲を学び、1918年から3年間母校の和声法・対位法の教授を勤めた。その後アルザスに居を定め、ダンディーやシュヴァイツァー等の著名な音楽家を招いてこの地方の文化の普及活動に献身され、第二次大戦後はセザール・フランク音楽院、エコル・ノルマル・ド・ミュージックの和声の教授となった。1953年ソルボンヌ大学音楽学研究所講師、そして1955年にはストラスブール音楽院の和声分析のクラス創設に迎えられている。その間ヨーロッパ各地で数々の講演を行う等精力的な活動を続けられた。

夫人の研究と教育経験の集大成である「生きている和声」は1950年に起稿された。第1巻、調性和声―第2巻、和声分析から演奏解釈へ―第3巻、第1部300の和声課題、第2部　模範解答―第4巻、対位法と和声法―第5巻、和声分析による演奏解釈〈バッハからドゥビュッシーまで〉から成り、本著はその第5巻第8分冊である。この著作の中で夫人が一貫して追求された方法とは、音楽教育の分化にともないともすれば硬化しがちな教育にいかに新しい生命をもたらすか、とくに作曲と演奏、演奏と作曲をどう結びつけるかであるといえよう。

およそ16世紀から19世紀にかけて興隆をみた調性音楽はいまだに演奏会、ラジオ、テレビ、あるいはレコードのプログラムの大半を占めている。この調性音楽の基礎にある和声を分析することの重要性は誰もが認めることであろう。また、自然倍音の原理にのっとったこの機能和声は、ヨーロッパ音楽に特有な「動き」を強調し、「音を構築すること」に弾みをつけ、その美事な展開の礎えとなったとは言えないであろうか。

六つの歌曲の日本語訳については春秋社の世界音楽全集〈和声編〉シューマン集の中の吉田秀和氏の訳詩を引用させていただいたことをおことわりする。
　最後に多大な御協力をいただいたシンフォニアの皆さんに心から御礼を申し上げたい。
　1982年4月

細野 孝興

本 書 で 用 い る 記 号

C, d, E . . . . 調性。大文字は長調，小文字は短調。

a, fis, as . . . . 音名

I, Ⅲ, V . . . . 音度

T (tonique) . . . . トニック

SD (sou-dominante) . . . . サブドミナント

D (dominante) . . . . ドミナント

P (notes de passage) . . . . 経過音

App (appoggiature) . . . . 倚音

Rt (retard) . . . . 掛留音

Br (broderie) . . . . 刺繍音

Ech (échappée) . . . . 逸音

Ant (anticipation) . . . . 先取音

Alt (altération) . . . . 変化音

S (suiet) . . . . 主唱

R (réponse) . . . . 答唱

CS (contre-sujet) . . . . 対唱

著者による数字付けの一覧表

構成される和音をバスとの音程関係を示す数字と＋（導音）／（減音程）の記号を用いて表わすものです。その書き方は理論書により多少異なります。

第1巻「調性和声」より

	基本形		第一転回形		第二転回形		第三転回形	
	略号	実際	略号	実際	略号	実際	略号	実際
5の和音	5	5 3	6	6 3	6 4			
7の和音	7	7 5 3	6 5	6 5 3	4 3	6 4 3	2	6 4 2
属7の和音	7 +	7 5 +3	6 5̸	6 5 3	+6	+6 4 3	+4	6 +4 2
長調属9の和音 根音省略	7 5̸	7 5̸ 3	+6 5	+6 5 3	+4 3	6 +4 3	4 +2	6 4 +2
短調属9の和音 根音省略 （減7の和音）	7̸	7̸ 5̸ 3	+6 5̸	+6 5̸ 3	+4 3	6 +4 3	+2	6 +4（増） +2
属9の和音	9 7 +	9 7 5 +3	7 6 5̸	7 6 5̸ 3	5 +6 4	5 +6 4 3	3　10 +4　+4 2　2 又は	3 6 +4 2

参考資料 デュボワ著 平尾貴四男訳「和声学」270ページ（音楽の友社刊）

友情のしるしに、感謝の念をもって

ジャンヌ・ブランカール夫人に捧げる

《巨像の廻りに足場を組み、各人の物差しで細かく測定すること、
それは仕事のうちで最も容易な、取るに足らない段階でしかない。》

ヴィクトル・バッシュ

序　文

グィード・アゴスティ

　ドメル－ディエニー夫人が生涯をかけて執筆された作品について考えを述べることが出来るのは私にとって大きな喜びです。この著作は、明晰な知性、絶えざる忍耐、多彩な教養、常に目覚めた感性、さらに芸術への愛、といった尽きることのない泉から溢れ出る能力の結晶に他なりません。私には序文を書こうなどというつもりはなく、熟練した経験豊かな音楽家にとってすら驚嘆の的となるドメル－ディエニー夫人のたゆまぬ努力の成果に対して賛美の言葉を記そうと考えるだけです。

　バッハ、ドゥビュッシー、ベートーヴェン、フランク、《亜麻色の髪のおとめ》、リストのソナタ等のあらゆる作品の分析について、ドメル－ディエニー夫人はその分析技術に重きを置きながら、さらに作品の美しさに光をあてることに気を配り、知性と真の音楽家が持つ感性によって作品を深く洞察し、輝くばかりの明晰さでそれを明らかにするという非凡な才能を見せてくれます。夫人の注意深いまなざしは完全な均衡を保ちつつ、芸術作品の構造上の骨組みに対するのと同じようにそれを織りなす構成要素の隠された関係にも向けられます。その構成要素は、多くの場合非常にとらえ難いものではあっても、作品そのもののまとまりにとって欠くことのできないものであることに変りはなく、また時としてその作品の魅力の源を隠し持っているものでさえあります。

　《演奏解釈のために》と夫人はこの著作の目的を自ら定義しておられます。まさにこうした著作が必要なのです。何の注釈もなしに《神曲》、《ファウスト》、《イリアス》の原書を若い学生に手渡すことなど誰にも考えられないことでしょう。注釈を読んだ学生は、こういう尨大な詩の部分的な意味、あるいはせいぜい一般的な意味を年令や教養に応じて理解するのです。何故ならば、学生が独力ですべてのこと、すなわち構造、韻律法、詩的・哲学的価値、歴史的・言

13

語学的価値、寓意、象徴等を把握し、理解することなど明らかに望むべくもないからです。まさにこれこそ若いピアニストがベートーベンの作品110、セザール・フランクの《前奏曲、コラール、フーガ》、リストの《ダンテを読んで》というような作品に取り組む時に一般的におこりうる問題なのです。

また、若い奏者が和声の授業ではよい成績をとりながら、すでに学んだショパンの曲の中では13の和音を識別することさえ出来ないのは何故でしょう。その和音が、言わば《部品》の状態で示された時には間違わなくても、生き且つ関っている状態、さらに厳密に言うなら、《動いている》作品の生き生きした流れを調整するのに役立っている状態にある時には何故それを見つけられないのでしょう。《ニュアンスは和声によって正当化される》ということ、そしてニュアンスの意味合いを示したり、さらには限定したりするものがまさにそれぞれの和声の進行であるということを何故あまりにも多くの場合に見逃すことになるのでしょうか。つまり私が言いたいのは、構造上・表現上の観点から音符の価値に段階をつけるための判断、様々な音の強さと厚みについての計画的な配置、音楽という《生きている》芸術が持つ音の絶えざる動きの方向についての認識が必要であるということです。何故かと言えば、一つの音楽作品の生命は、すべての生あるものと同様、時間の拡がりの中で実現されているからです。

音楽が《どこへ》向かっているかということを何時も知っている必要があります。多くの演奏家を待ち伏せているのは、この方向性の意味を軽視することの危険性です。

こう付け加えておきましょう。現代の演奏家はかけ離れた時代に属する各々の作品、つまり非常に異なった性格をもった作品——バッハからストラヴィンスキー、ラモーからラヴェル、ベートーヴェンからフォーレ、スカルラッティからブラームス、モーツァルトからバルトークやプロコフィエフ——に今日取り組まなければならないということです。直観だけではもはや充分ではありません。音楽的教養を持たない音楽家などというものは、ルジェロ・ジェルリンが言っているようにもはやイメージとして浮かんでこないのです。そのためには和声——つまり、旋律を寄せ集めた複合体——を音楽への羅針盤とすることができるようにしなければなりません。その用い方を知るならば、羅針盤は決して我々を裏切らないのです。

演奏家は作曲家によって達成された道を逆に辿っていかなければならないと考えます。創意をかきたてられ、インスピレーションを支えとし、糧とした作曲家が我々にその考えを伝えるために、この上ない忍耐強さで絶えず注意を払いながらその伝言を託せる最も堅固で完全な形式を生み出したように（バッハ、ベートーヴェン、ショパン、ラヴェルを想い出してみましょう）、演奏家も創造的思想の真の実体に到達するためにそれぞれの形式的要素を理解し、看破しなければなりません。

　若い音楽家に適切な道をこのように分りやすく示されるドメル－ディエニー夫人に感謝しようではありませんか。自らを表現するために、演奏しようとする名作に《生命を与える》ために、夫人が提示される分析は最も貴重な拠り所となるでしょう。

　　1966年9月　ローマにて

※印を付した箇所は巻末の「訳者注」を参照のこと。

序

《一つの、たった一つの考え方をしっかり把えなさい。そこか
らあなたの生き方を決めるのです。この唯一の考え方を模索し、
探求し、それに基づいて生きるのです》

ヴィーヴェ・カナンダ

基礎の和声原理を展開した《調性和声法》[1]、それに続く《生きている和声》第
2巻[2]では、私の従来の考えに基づいて選んだ調性音楽の作品からその一部分を
引用し、和声分析とどう係わるかを明らかにしました。

私は今回の新しい著作でバッハからドゥビュッシーに至る幅広い作品の分析
を——断片的にではなく、それぞれの作品全体を——読者に提示しようと思い
ます。

現代における新しい音楽の変遷は、ラモーと私達を隔てる250年間に生じた
様々な問題とは異質な問題を今日提起しているのでしょうか。楽器、記譜法、
音細胞とフレーズの構成法、音響群の選択と配置、そして現代曲の楽譜の大き
さに至るまで、また特に演奏家さえ必要としない実験音楽の着想、これらはす
べてある一つの時代の終りを示し、そこで生まれた傑作の数々が見捨てられつ
つあることを意味しているでしょうか。では、なぜ私達はここで過去のものに
耳をすまそうとするのでしょう。現代には新しい可能性がたくさんあり、未知
というものは私達の心を高揚させ、何かを訴えかけているのは事実です。探求
心、創意への讃美が創造的、良心的芸術家の内にひそんでいなければならない

1　ドメル‐ディエニー著「生きている和声」全集第1巻 La Collection L'Harmonie vivante.

2　「生きている和声」全集第2巻「和声分析から演奏解釈へ」 De l'analyse harmonique à
l'interprétation.

のです。しかし、これらの美点は、確たる教養を持つことと何ら矛盾すること
ではありません。未来の音楽について断定的な言葉を述べるのが早すぎるなら、
素晴らしい過去の教えを学ぶことは決して遅くありません。新しい眺望での真
の自由、つまり最良の選択ができる自由をもたらすことのできるすぐれた根の
成長を待つことにしましょう。私達の教化を時の試練に耐えることができた卓
越した作品に委ねるのです。わけのわからない流行への誘惑、何が何でも新し
さを求めることへの崇拝、多くの天分を使い果たしてしまう有害な競争、それ
らは魅惑的な「人魚」のように私達に誘惑の手を差しのべます。《教育》を尊重
することが、天才がかかわりあう《大事件》に敬意を払うことの妨げになるな
どということはかつて一度もなかったのです。

　調性音楽の範囲内——たゆまず探求への努力を続けてもその一部分にしか及
びません——だけで、いくつかの主要な考察をもとに私の考えをまとめてみま
した。その中で何よりも重要と考えたのは、芸術を芸術家として研究するとい
うことです。これを音楽家の立場から考えるなら、音楽を単に規則と型にはま
った表現としてとらえるのではなく、生き生きとした動きの中で、そのしかる
べき表情の中で音楽をとらえるということです。勿論それは理論を軽視するこ
とではなく、また無視することではなおさらありません。その全機能を同時に
感性と好奇心に委ねるメソードを用いるという意味です。この考え方は既に私
のいくつかの著作の中で展開されています。

　和声の教育においてもある種の矛盾を除かなければならないと思います。若
い器楽奏者がしかるべく勧められた和声法の学習と、楽器演奏の完成を目ざし
て学んでいる作品との間に存在すべきつながりを把握しているのかということ
を私達は充分に自問したでしょうか。未来の演奏家達に彼等が決して作曲する
つもりがないのに概してエクリチュールの厳しい学習が課せられ、しかも音楽
の理解に関して最も有用である基礎的知識については誰も答えられないのはお
かしいのではないでしょうか。演奏解釈というものは"考える"ものであり、
すべての人がそれを認めます。しかし、演奏に生命を与えるために、作品の構
成要素を、なぜ、いかに組み立てなければならないかをよく知らずに、それら
を単に理論の点から羅列するだけで満足するとしたら、それは演奏解釈と言え

るのでしょうか。すべての生徒は演奏上のニュアンスが和声によって正当化され、楽曲のバランスがすべて転調的和声連結と調性的運動に根拠を置いていることを知っているでしょうか。

この本の中でこそ"和声分析"が他の何ものにも代えられ得ない領域を明示しなければならないと思います。和声分析は机上で実現するのではなく、和声規則に照らし合わせるものでもなく、生きた音楽、そして"決して偶然によらない表情"をそなえた音楽の核心において実現されなければならないのです。勿論、天賦の才能が最も洗錬された教養に置きかえられ得ないのと同様に、和声分析もまたそれだけで理想的な演奏を支えることはできません。もし和声分析が抽象の次元に転落したり、人為的な一つの切れ端でしかないとしたら、和声分析はもはやその本質的な使命、つまり作品の有機的生命を識別した後に構成しなおされる総合にかなうことはできないでしょう。

もう一つの重要な基準は、演奏解釈——つまり演奏に到るまでの方法の理解——を単に年令の問題として考えないことです。第5巻を感性と構成の宝庫とも言うべき完成度の高い小曲で始めたのはそのためです。この私の考えにまさに最適な文章を引用させていただきましょう。

《演奏解釈というものは、高度な教育としてあとにとっておく特別な技法、また演奏と一体をなす技法とは別なものと考えられているように思います。・・・これほど普及した考え方はなく、これほど間違った、有害な考え方はありません。・・・大声で叫びたいことは、演奏解釈は技術の次にとり上げるのではなく、教育のすべての段階において常に技術に先行するものでなければならないということです。・・・私は、独立した技術も先行する技術も音楽性から分離された技術も信じません》

"器楽教育に適応し、それを補う"和声教育、それが音楽家を教育する場合に提起されなければなりません。

---

3 バッハ「初心者のための小前奏曲」と「インヴェンション」

4 マルセル・ビッチ著「音楽解釈」Marcel Bitch père: L'interprétation musicale, P.U. F. 1941

さて、私の結びの言葉は音楽の素晴らしさにふさわしいものでなければならないと思います。これらの名曲のふところで過した素晴らしい時間——難問を多く含んでいますが——の後に私が切望することは、皆さんの情熱が他の名曲にも火をともし、実りある満ち足りた勉強への愛着がはぐくまれることです。それは芸術家の困難な探求が限りなく続けられる道程への第一歩です。

　《暗闇を呪うより、ただ一つの小さなろうそくをともす方が価値がある》と中国の諺は言っています。

　　　　1965年　パリ郊外ソーにて

　　　　　　　　　　　　　A・ドメルーディエニー

　注　読者は次のことに注意して下さい。つまり、この本は単に演奏解釈との関連における「和声分析」について示唆を与えるものであって、歴史的、伝記的記述、作品の一覧表、評論研究について論ずるものではありません。こういう点については、他の著作の中で、広汎に完璧に述べられています。
　　私は、読者がこの全ページにわたる解説を「楽譜を手に持って」読んで下さることを望みます。

シューマン
子供の情景

作品15　1838年

《和声の神秘をより深く洞察することによって、はじめて感情の
ニュアンスを最もデリケートに表現できるようになる》[1]

ローベルト・シューマン

　"Kinderszenen" の組曲については《小さな子供たちのために大きな子供が
書いた》と言われています。的確な表現かも知れません。何れにしても、無邪
気な優しさ、この上ない親しみをもった詩人によって書かれたことは確かです。

　作者はクララに次のように知らせました。《君はきっとこれらの曲を演奏す
る時喜びを感じてくれるだろう。しかし、君は自分がヴィルトゥオーソである
ことを忘れる必要がある》また別の手紙の中では次のようにも言っています。
《この音楽がもっている長所は、全く素朴で、自然で且つ気取りのない魅力に
こそあるのだ》

　「子供の情景」を注意深く研究していくと、私たちはそこに湧き出て止まない、
インスピレーションに満ちた創意によって導き出される洗練された、巧みなエ
クリテュールを見出します。金細工をほどこした宝石、心の内をそっと語る詩、
その繊細のきわみを明確に意識せずしてこれらの作品に取り組むことはできな
いでしょう。この無垢な純粋さの前では、《表現技巧》——ソノリテ、アタック、
音色——に完全に熟達することと、職人としての完璧さを夢に結びつける生き
た想像力を駆使することが求められます。

　シューマンは《易しい小品 Leichte Stücke 》という副題をつけています。
確かにここにあるのは、微笑する魂、子供の素朴な優しさです。まさに《易し
い》のですが、それはすべてをなんなく演奏できる技巧をもつ人にとっての言
葉なのです。

　この機会にまずいわゆる《絶対音楽》といわれる問題について考えるのが適

1　ローベルト・シューマン《音楽および音楽家》全集（ライプツィッヒ、T.1.40頁）、1935年
12月 la Revue Musicale（Paris）「シューマン特集号」の中に引用された。

当と思います。これは本書の中で広汎に取り上げられてゆく問題です。《絶対音楽》は外的要素の助けを借りずに、独自の構造それ自体によって支えられており、その構造は音以外の芸術作品がもたらすものにたとえることができます。

　私個人としては、あまり有効とは言えない区分法の使用、とりわけその濫用にはいささか危惧の念を抱いています。こうした区分法はしばしば言葉の上だけの問題なのです。《詩人》にとってはすべてが《詩》なのです。これは暗に、いや当然に音楽の創造者と再創造者のすべてを含めた言葉です。ベートーヴェンのソナタ、作品27の第2番のように言葉のないドラマが音楽の特性だけによって表わされ、作品が一つの悲痛な詩となっているのに、同時にそこに一個の「音楽」作品としての完全な均整が認められることを讃えない人はいないはずです。逆に、言葉の繊細な要求に従っている音楽、――リート、メロディー、舞台音楽のすべて――ドビュッシーの「プレリュード」や私がここに取り上げている「子供の情景」のように単に標題が暗示するものに基づいている音楽、そのような範疇にある偉大な作品においては、絶対音楽の調性的均衡の法則と楽曲としての展開が、超音楽的な《標題》と美事に調和をとっているということを認めざるを得ないのです。従って、このいささか人工的な、そして要するに無意味な区分は取り払うことにしましょう。むしろ、異なるものとみなされてきたこれらの要素が、明らかに二つの範疇にまたがっている作品の中でどのように補完し合っているのかを確かめることにしましょう。

　さらにこの問題を進めてみましょう。ここで問題にしている形態というのはソナタやシンフォニーの第一楽章のアレグロの形態に似ていないでしょうか。そこでは二つの主題は意図的にしばしば対立する相異なった性格をもち、展開部の中心をなす美事な戦闘の中で混ざり合い、多少なりとも変形されます。この二つの主題を通じて緊張と弛緩からなる楽節が次々とつながっていくわけで、これこそまさに劇的であると言わなければならないのです。演奏というものはこれら《無言のドラマ》における形式上の起源と、《交響楽的なもの》、《劇的なもの》との相互の浸透を無視することはできないのです。フーガの、非常に厳

2　いわゆる《月光》
3　あらゆる交響詩、後述するシューマンの歌曲、シューベルトの歌曲（第5巻第9分冊）、フォーレの歌曲（第13分冊）、デュパルクの歌曲（第15分冊）など参照のこと。

格な形式──そこでは一見超音楽的な要素によって成り立つものはすべて排除されているのですが──の核心にまで主唱と対唱の、リズム上，主題上，調性上の対立による広い意味での《劇的》要素が導入されているのです。劇的要素、それはあらゆる生命に備わっている対照性から生じるものなのです。

　同じような説明を繰り返して本書の内容がいたずらにくどくならないよう、ある曲では足ばやに通りすぎ、またある曲では深く掘り下げて分析を行なうことにします。

　「子供の情景」では次のものに注意を向けます。

4．Bittendes Kind（おねだり）

5．Glückes genug（満足）

7．Träumerei（トロイメライ）

12．Kind im Einschlummern（子供は眠る）

13．Der Dichter spricht（詩人のお話）

またリートは以下の通りです。

1．In der Fremde（異郷にて）

op. 39 no. 1 ．．．．．．．．．．．．．．．．．アイヒェンドルフ

2．Das ist ein Flöten und Geigen（そはフリュートとヴァイオリン）

op. 48 no. 9 ．．．．．．．．．．．．．．．．．．．．．．ハイネ

3．Ich hab'im Traum geweinet（われ夢に泣きぬ）

op. 48 no. 13 ．．．．．．．．．．．．．．．．．．．．．ハイネ

4．Am leuchtenden Sommermorgen（輝く夏の朝に）

op. 48 no. 12 ．．．．．．．．．．．．．．．．．．．．．ハイネ

5．Nun hast du mir（今汝初めてわれに悩みを与えぬ）

op. 42 no. 8 ．．．．．．．．．．．．．．．．．．シャミッソー

6．Der Nussbaum（胡桃の樹）

op. 25 no. 3 ．．．．．．．．．．．．．．．．．．．．モーゼン

注　「楽譜を手にもって」すべての解説を読んで下さることを再度お願いします。

1. 知らない国々

Von fremden Ländern und Menschen[4]

この短いミニアチュール的小品の中でも、作者は《中心部における転調の意図》（第12小節、平行調 e ）をいみじくも打ち出しています。調に関すること以外で表情をもたらすユニークな試みとしてシューマンは「リタルダンド」を記しています。この試みもまた小規模です。「構造上の」 *dis* はこの小品に調性上のアーティキュレーションを画していて、価値的には完全に「装飾的な」 *cis* や *b* とは異なっています。この点については次の注1で説明します。二つの音は経過的な変化音ということで、装飾的な意味しかなく、ただそこにあるという以外に重要性はありません。だから「なかったとしても、おかしくありません」。 *dis* の転調上の重要性は、それとは全く違っています。そういう意味で、コルトーが曲の出だしのところで《故意に表情をつけないで》[5]と指示したのにも確かに理由があるのです。表情は変化音による装飾の存在によってひとりでに作り出されるものであって、それを無理に押し出す必要はないのです。

よく考えぬかれた演奏解釈というものはすべて、調性の状態に影響を及ぼすこの *dis* のような構造上の変化音と、 *cis* や *b* のような装飾的な役割しか果さない変化音との密度の違いを考慮するところから始まります。

注1[6]　変化音 *cis* と *b* はサブドミナントの変化和音の見事な典型です。実際、主調をしっかり定着させる役割しかないこのフレーズの始めで、どうしてそれらが「問題外」の調に《転調》した

4　ドイツ語で書かれたタイトル、さらには韻文の詩を完全にまた満足いくように翻訳することがいかにむずかしいか、ここでその点に読者の注意を向けておきます。これらの場合、韻律やアクセント、そして言葉の観念にすらうまくアプローチできないことがよくあるので、間違って翻訳されることにもなりかねません。

5　アルフレッド・コルトー《故意に表情をつけないで、子供のように‥‥。アーティキュレーションなし。何かを呼び覚ますように‥‥。伴奏は完全なレガートで。雰囲気を大切に。こまやかに包みこむような感じで》。これらのテキストや後に引用するテキストのすべては、コルトーの演奏法の授業で私自身がとったノートに基づいています。

6　ベートーヴェンの「ソナタ・熱情」の研究の終りにある《サブドミナントの変化和音についての注》を見ていただきたい。

り、またそのような気分を示しているなどと認められましょう。多分、曲の始めから調性をむなしくも乱そうとする試み――調性的精神にのっとって着想され、しかもこのように短い小品ではこうした予測は全く不可能ですが――を演じるこれらの《知らない音》――和声外音――変化音は《知らない国々》とか《知らない人々》と微妙な関係を作っているのでしょう。しかし、この G-dur という調性は影響されません。つまり、この二つの音を他調からの《借用音》と通常呼ばれる言葉で強調されるほど重要であるとみる理由はないのです。これはまさに副次的な意図に関わるものでしかなく、装飾的な分野に属しているにすぎないのです。

　第5小節でシューマン自身そのことを証明しています。そこでは二つの臨時記号は消えていて、変化しないサブドミナントはトニックとドミナントの間の正常な場所を占めています。それ故に、cis という変化音は臨時のものでしかないわけです。

　また内声部のテノールにある h, b, a, c の対位法的旋律に注意しましょう。経過音 b は旋律的価値しかもたず、和声的価値はもっていません。[7]

2. 珍しいお話[8]

Kuriose Geschichte

　トニックからドミナントへの大きな跳躍を伴った進行が二度繰り返されています。第17～21小節は転調を伴う中間部です。非常に短くはありますが、異なるエクリテュールにより新しい情感が強調されています。つまり、開始部と終結部における和音で構成された明確なリズムのエクリテュールとは逆に、対位法的な複数の歌う旋律線がからみ合っています。[9]

7　本書の交響的練習曲の主題での注5（79頁）とリート「輝く夏の朝に」の注4を参照のこと。

8　アルフレッド・コルトー＝《爆笑》

9　エクリテュールの変化は常に一つの《音楽的出来事》、つまり一つの段階に合致して現われます。

3. 鬼ごっこ
Hasche-Mann

　興味深い和声的なトゥレ[※]がこの遊びの固有の面白さを表現しています。つまり、目隠しされている鬼を誘いながら、すぐ逃げるというわけです。

　第13、14、15小節の $c-e-g$ の和音の上で非常に強められたアクセント、それは経過的な C-dur なのでしょうか、それとも主調から遠ざけるようなふりをしながら元に戻している束の間の冗談めいた攪乱なのでしょうか。

　低音域でのこの「ナポリの6」の心地よい扱い方は、エスプリに満ちたもの、さらにまさしく的を射たものであると私には思われます。譜例1。

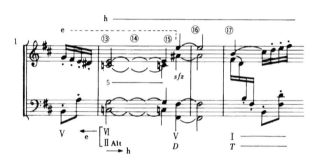

　しかし、この3小節は普通 C-dur のパッセージとして解釈されています。その点に関して、私の立場からいくつかの反論を述べなければなりません。

1. 「和声リズム」[※]。先行する第9～10小節と第11～12小節において、それぞれ G-dur と e-moll に向かおうとする似かよった二つのグループが形成され、三つの和音が和声リズムを示しています。

    最初の小節に一つの和音、
    2小節目に二つの和音があります。

2. この和声リズムの変化はそれに対応する「エクリテュールの変化」をもたらしています。第13、14、15小節はすべてレガートであるのに対して、第9～10小節、第11～12小節はスタッカートで書かれています。

3. 第9小節から第17小節にかけての「頂点」は、第16小節の2拍目、sf が記された属7の和音です。終結への入口とも言うべきこの属和音に豊かな

表情をもつ機軸が用意されるのであり、その前の和音にではありません。前の和音はただドミナントの到来を準備するサブドミナントにすぎないのです。ここでもまた音楽の「動き」が、使われている和音のヒエラルキーと、それに伴う表情を明らかにしています。譜例2。

備考　変化音 c はバッハやベートーヴェンが使ったようなサブドミナントの「第1転回形」ではなくて、和音の根音それ自体です。つまりⅡ度での変化音（h-moll の c）の上に構成された5の和音の根音です。こうしてフォーレは「主題と変奏」の第6小節においてこれを使うことになります。即ち cis-moll の d です。

4. おねだり[10]
Bittendes Kind

《絶対音楽》の小品という枠の中にある子供のドラマです。標題からの暗示によって私たちは手がかりをつかめます。しかし、単に音楽を注釈するだけでどれだけその想像的な産物を補足して余りあることでしょう。

10　独語から仏語への翻訳に関する注であるので省略します（訳者）。

《問いかける子供》、答えてくれるよう《せがむ》子供が、この音楽を詩的秩序に結びつけている唯一のきずなとなっています。シューマン独特の深い味わいをもつ繊細さと共に希望、期待、疑問などの心の表現を見事にとらえた音楽を見てゆくことにしましょう。シューマンは、その標題の感じをどのように音楽に移しかえているのでしょうか。それは、本来保留的であるドミナントの和声を用いて最も単純かつ明瞭な方法でなされています。この和音がもっている抱束性、つまり導音、7度音、9度音の必然的な進行は本質的にその「続き」を要求しています。それは子供が何かをねだるのと全く同じです。小さな願いが飽きずに繰り返されるこの全く子供らしい可愛い執拗さ、これを見のがさないようにしましょう。

最も魅力的なことは、返事がおくれたり、返ってこなかったりするように、始めからある、問いかけるようなドミナントで曲を終り、その保留的な性格は蓄積されたままであるということです。こうした点に、暗示された詩的想念に対する作曲者のすなおな手法をみることができます。

しかし「テキストのない」楽曲では、曲自体にその均衡を見いだす必要がありますが、最初のドミナントの機能も終りのドミナントも、それだけでは有機的な楽曲を作り上げることはできません。調性の法則は関連と対比を必要とするからです。従って、自らの技術を熟知している無欠の職人としてのシューマンは、第1～4小節のこの D-dur のドミナントに対してもう一つ別な、つまり第5～8小節の G-dur のドミナントを対照させています。一度で満足を得られなかった子供は、別の音色から返事を得ようとしています。譜例3。

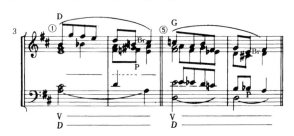

さらに巧みなのは、第9小節と第12小節で、今度は実際に返事が用意され、解決が与えられます…が、それは A-dur の中であるというところです。譜例4。

　子供は自分の思いから離れようとはしません。つまり問いかけたのは A-dur ではなくて D-dur だというわけです。問を逸した答に子供は満足しません。こうして子供は物思いに沈み、再び最初の問に戻っていくしか方法がありません。それはまさに次のようになります。

```
      D                G                A                D
   1－3 |リフレイン|  5－7 |リフレイン|  9－11 |リフレイン|  13－15 |リフレイン
    V－V              V－V            Ⅱ V－I             V－V
   D──→D           D──→D          D───→T           D──→D
    保留              保留             解決              解決
```

　シューマンは、詩的なテーマが求めているものと、彼の音楽が必要としているものを、形式上の完璧な均衡の中に実に美事に実現しています。その優美な技法を讃えなければなりません。

　　Ⅰ　D のドミナント
　　Ⅱ　G－下属調 ⎫
　　　　A－属　調 ⎬ 転調部分
　　Ⅲ　D のドミナント

注2
　A．エクリテュールのこの三つのプランには音質の繊細な使い分けが必要とされます。さらに、アタックの方法はドミナントとトニックでは同じではないのです。演奏家はその点を考慮しなければなりません。
　B．"中断節" が毎回「下行」によって作られている（第1～4小節、第5～8小節、第13～16小節）のに対して、上行の旋律で作られた解決節（第9～10小節）の出現——それまで

見られなかった——を作者が強調する時の非常に繊細な手法にも注意しましょう。

C．この解決節がもつ新しい局面は、歌の順次進行と、バスと内声の対位法による順次進行に現われています。そこに新しい和声を強調する形式上の新しい意図がみられます。

D．第2の中断節（第5～6小節、第7～8小節）は、不動のドミナントのペダルの上に形成され（譜例3）、その上で三つの旋律線が歌われます。そこにある *es, cis, b* はそれぞれ装飾音であって、調性には何の影響も及ぼしません。

標題がもたらす簡潔さに一致している和声、その和声を分析するだけでこれらすべてを明らかにすることができます。和声分析には演奏解釈の真の秘密が含まれていると言っても過言ではありません。[11]

5. 満足[12]

Glückes genug

これもまた一篇の詩のようです。この詩がもつあらゆる様相を、音楽そのものがすべての言葉にも増して繊細に、そして精密に明らかにしています。

互に分かち合う幸福以上に《完全》な幸福があるでしょうか。それゆえ、すべては《二人のうちに》生起するのです。交互に現われる声部の美しい配置、その中でオクターヴではなく5度の音程で模倣が行なわれています（第1～3小節）。譜例5。

---

11 「子供の情景」の第4曲についてのこの小論は、歌曲 op. 39, No. 1 《異郷にて》についての小論と共に雑誌「Musique et Liturgie 音楽と典礼」からの依頼による一連の記事の中で発表されたものです。

12 独語から仏語への翻訳に関する注であるので省略します（訳者）。

　下声の小さなカノンに声援され、対話者と同じ音度の上に置き換えられた上声が美しい跳躍で上行し(第6、7小節)、自然な推移と穏やかな単調さの中に再び対話が始まります。

　　備考1　第1小節の最初の gis は上拍の変化音であって、倚音ではありません。旋律上、和声上のアクセントは第2小節の第1拍目にあり、そこにはドミナントのバスとその和音が置かれています。

　　備考2　第3小節目のⅤ度（a）の上に置かれた $^6_4$ の和音には、第1拍目にあるにもかかわらず、カデンツァとしての性格は全くありません。なぜなら、ここは「進行中」であるからです。つまり、第2の声部が始まったばかりであり、《落下》や《休息》を考えるところではないのです。従って、ここにあるドミナントの保留的性格はカデンツァとしてのものではないので、4度は解決される必要がないわけです。
　　　　　ドミナントそれ自体もまたフレーズの最初の小さな区切りを示している第5小節での保留までそのままの位置に残っています。$^6_4$ の和音はここではトニックの機能の転回形、つまり第2小節から第5小節までのドミナントをつなぐ和声的な刺繍として存在しているにすぎません。

　　備考3　第17小節では重要な臨時記号つまり♮(c)が第22小節まで長く続き、導音の cis をうち消しています。F-dur という比較的遠い調（5度音程を3回下方に移動させた）へ向かおうとする調性上の分岐点が形成されるわけです。その小さな主題は全く動揺したように、3度音程の代りに増4度の音程を歌います。もちろんそこに一つのニュアンスが生じてきます（第18小節）。譜例6。

しかし、第19小節では対話するもう一方の声部はバスにおいて再び本来の3度の音程を作ります。譜例6。そしてD-durに終結するところでは、F-durへの気分の転換が主調に新たな価値をもたらしていたことが明らかになります。

第22小節で上声部が高く登りつめることによって、両端に隔った二声部が同一のトニックに向かう終結部の反進行を容易にしています。装飾音で満たされた美しい廻り道とバスの堂々たる半音階的上行とが合流するのです。譜例7。

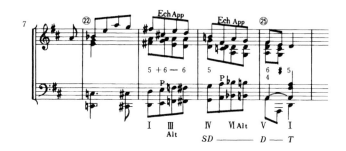

これらすべての変化音は豪華に、虹色に輝いています。それを詳しく表現するための瞬間が必要です。すべては装飾的であり、いささかも転調の力をもっていません。D-durの最後のカデンツァ（第25小節）という唯一の目的のもとに曲は「進行」します。

6. 大事件
Wichtige Begebenheit

子供の心をとらえる誇張された《すばらしい知らせ‥‥》

7. トロイメライ[13]
Träumerei

アルバン・ベルクがいみじくも言っている[14]ように、このよく知られた旋律の魅力は、その音楽的内容を検討した後にもいささかも色褪せることはありません。

そこで何が観察できるでしょうか。

このしなやかなアラベスクは非常に単純ないくつかの和声の上に構成され、プラン全体にわたる自由奔放さを示す注目すべき曲の一つとなっています。

その可動性はまず「旋律曲線」、つまり順次進行に跳躍進行を、また上行の跳躍に下行の回帰が入りまじった性格の中に認められます。

同様に「律動的な」動きも注目に値します。休息は第3、5、7、11、15、19、21、23小節では2拍目に、第9、25小節では3拍目に、第2、6、10、14、18、22小節では第1拍目に置かれています。つまり、小節線は純粋に形式的な

13　アルフレッド・コルトー《透明で、無邪気で、あどけなく、いささか気まぐれ。これはピアノ曲であってヴァイオリンのための編曲のように演奏してはいけません。第17〜18小節はリタルダンドしてはいけません。装飾音符のcは、出だしと同様に4分音符の音価をとります。短くしてはいけません》

14　音楽雑誌《Contrepoint 対位法》No6. Rich. Masse, 1949に掲載されたアルバン・ベルクの興味ある論文《アルバン・ベルク, シューマンを解釈する》(Jacques Brunschwig 訳) 参照。

ものとなっています。上拍から始まり、次の1小節全体とその次の小節の半分までがフレーズの成分です。上拍の音符の数は、第1小節では一つ、第3小節では三つというようにまちまちです。

「和声的な」支点※はそれぞれの休息の部分にあります。

1. 第2小節のトニック、第3小節のサブドミナント、第5小節のドミナント。
   第7小節の平行調への抑揚変化、そしてトニックでの終止。
2. 第11、12、13小節のサブドミナントの平行調、第14小節のサブドミナント、第15、16、17小節の平行調。
3. 第18小節から「転調のない」終結までのトニック。

事実、フェルマータが付けられた第23小節の変化音は再びサブドミナントの変化和音の見事な典型であると思います。C-dur に行くのではなくて、その時点で F-dur にしめくくられています。すべてが F-dur へ向かうのです。従って、その和声を見るにあたっては F-dur に関係づけるのがよいのです。この和声は C-dur の V 度上にあるのではなく、F-dur の II 度でサブドミナントの機能を果しています。それは下方及び上方に拡大され、9の和音となっています。譜例8。

これはまさに他の箇所で言及しているサブドミナントの9度の例そのものです。ここでは b の変化音 h によって表情的な緊張を作り出しています。この半音高められた IV 度はもっぱら V 度、つまりドミナントへ向かおうとし、シューマンはすぐにそこへ導いていきます。

15　第2巻「和声分析より演奏解釈へ De l'Analyse harmonique à l'Interprétation」38～39頁、及び第1巻「調性和声 L'Harmonie tonale（2e édit.）」66頁注7参照。

注3　Ⅲ度につけられた ♮ ——+ではなく——のような和声の数字付けは、それが意味するものを明確に示すことができます。つまり、F-dur におけるサブドミナントの9の変化和音とC-dur の属9の和音（つまりドミナントのドミナント）の構成音における音程の譜面上の類似、言うなれば純粋に「機械的な」類似を混同しないですむということです。類似は外見的なものにすぎません。それらのもつ意味、「機能」は全く別なものだからです。

つまり、一方のサブドミナントの9の和音は「ドミナントに先行し」、カデンツァは「進行中」です。

他方の属9では「トニックに先行し」、カデンツァは「終って」しまいます。

この混乱には二つの理由があります。

第1の理由。単に「装飾的な」変化音を、「実際の」あるいは構造的な変化音とみなすことに原因があります。もっとも、装飾的変化音はしばしば経過音のように半音階的に進行するものではあります。ここでの変化音は直接アタックされてはいますが、このことはその経過的な価値をいささかも変えることはありません。それは転調的ではないのです。

第2の理由。和音を「音楽の動き」の中で考える代りに、「停止した」ものとみなそうとすることに原因があります。ところで、ここでの動きは転調的ではなく終結的なのですから、この和音は終結という観点から考慮されなければなりません。h が c に向かおうとする緊張はこの場合どちらにも存在しますが、到達する音が「属音の c」なのか、「主音の c」なのかということは、今問題としているパッセージがもつ傾向に対して同じ意味、つまり同じ表情を与えるものでないことは明らかです。

旋律的な頂点は、旋律が上行し発展するにつれてますます緊張を高めていく和音の上にあることに注意しましょう。つまり第7小節の $\frac{7}{}$、第15小節の $\frac{9}{7}$、とりわけアクセントがフェルマータによって引き伸ばされている第23小節にあります。

要するにシューマンのあらゆる和声的な織地は、はっきり見受けられる彼のバッハへの親近性に着想を得た対位法的様式の模倣によって豊かになっています。主題の極めて歌唱的な特性は不断の多旋律性によって息苦しくなっているわけではありません。全く逆です。それは主題の性格を重くしているのではなく、豊かにしているのです。これは「ベルカント」の際立った例なのです。ソロのパートだけがベルカントで歌うというのではなく、ポリフォニーの全階層で「すべてが歌っている」のです。コルトーの注釈がかくも正しいのは、このような点にあります。「ヴァイオリンのための編曲のようにこの曲を演奏してはいけません」

8．炉ばたで
Am Kamin

《素朴に、気にかけないで、軽やかに》とコルトーは言っています。《火がはぜて‥‥。伴奏はほとんどデタッシェ※で》

第10小節及びそれ以降の小節においては、上声部の旋律に多調的な面白さがあります。これらの旋律は、バスが F-dur のドミナントのペダルを保持するのに対して、g-moll で歌っています。譜例10。

第26小節と第30小節は《赤くなった火のおきが急におとろえる》(アルフレッド・コルトー)[16]

9. 木馬の騎士[17]
Ritter vom Steckenpferd

Ⅰ　トニック。本当のバスはペダルを除いたテノールにあります。
Ⅱ　転調的な旋律部。
　　三つの変化音を含むサブドミナントの変化和音。第15小節。
　　譜例11。
Ⅲ　トニック。ソプラノはペダルです。声部は転回されています。

これは三つの必然的な解決を要する増6の和音です。[18]

16　レピートで ｢1 と ｢2 がある場合，常に後の小節を単に bis と書き表わすことにします。ここでの ｢1 は25で，｢2 は 25-bis とし，その次が26となります。
17　アルフレッド・コルトーによれば「にぎやかな騎馬進行 A cheval sur un bâton (Salabert)」となっています。
18　「調性和声 Harmonie tonale」208頁、211頁、212頁参照。

10. むきになって[19]
Fast zu ernst

　第21小節。ドミナントのペダルの上にサブドミナントの変化和音があります。この和音は dis-moll の減 7 の和音のように見えます。しかし、*dis* はここでは Ⅴ度、つまり「ドミナント」であり、「トニック」ではありません。転調していないのです。

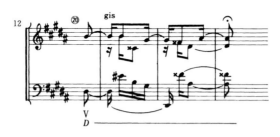

11. おどかし[20]
Früchtenmachen

　半音階的進行が装飾的なものとして巧みにとり入れられ、この小品に一つの性格を与えています。

19　アルフレッド・コルトー《これは子供です。感傷性は無用です。非常に単純に》
20　アルフレッド・コルトー《伝説の叙述、そして恐怖の発作。気づかないくらいの音色の変化が、つきまとうようにくり返される主題を強めていきます》

12. 子供は眠る[21]
Kind im Einschlummern

　この作品集の中で最も繊細な表情をもった曲で、細部まで上品に精巧に仕上げられています。曲は様々な音質のパレットを想定していますが、それを同じニュアンスの「内面で」聴かせなければなりません。何故なら、音楽はここではほとんど或いは全くニュアンスを要求していないからです。

　このタイトルが暗示している全く親しみに満ちた詩を一行一行辿ってみましょう。

　これは、平和、静寂、安心の詩でもあります。この曲のあらゆる表情は音楽的には次のものが基礎となっています。

1. ペダルの不動性。
2. トニックとドミナントの機能の相次ぐ連続——つまり理想的な安心のしるし——と、これらの機能による終ることのない振り子運動。変わることなく反復されるこれらの点をめぐり期待と保留の感情が強調されています。譜例13。

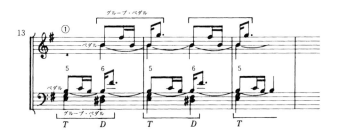

　バスの性格は、ここでは和声的であると同時に旋律的です。従って、第4小節の h と c によって形づくられる7度は挿話的な不協和音程にすぎません。それは一方の h のペダルと、もう一方のバスの経過音に基づいています。ですから、これは全く和声構造の一部にはなり得ません。譜例14。

21　アルフレッド・コルトー《砂の男の優しい歌》※

　内声にある h のペダルに対してグループ・ペダル[22]※がつけ加えられています。このグループ・ペダルは上声においてもバスにおいても同一の和音連結を繰り返し、その情景の動きのない静けさをひき立てています。譜例13。

　第9小節。あい変らず p で、音楽も変りませんが、新しい色彩、つまりE-durがここに現われます。子供の部屋のカーテンに日の光でもたわむれているのでしょうか。メロディーは2オクターヴの間隔をもって重複され、ドミナントとトニックのペダルも同じように重なっています。いつも $T-D$ の振り子運動(主音上の)があり、いつも完全な静けさがあり…そしてゆっくりと眠りがやってきます。
　第17小節から第25小節まではいつもの転調的な中間部になっています。つまりA—H—e→Gと進みます。おそらく夢の中の出来事なのでしょう。一瞬不安がよぎります。何かを予告するような不協和音、掛留音、倚音があり‥‥何かが過ぎ去るのです。エクリチュールの内声部への関心はシューマンにおいて常にはっきり示されています。その音楽は大いに研究の対象となることでしょう。

22　「調性和声 Harmonie tonale」250頁、253頁、注26-2 参照。

一度ならずこの調的な新しい状態は新しいエクリテュールと合致しています。内声の二つの声部の控え目な対話を充分にひき立てなければなりません。この曲にあっては色彩上のプランが非常に大切ですが、どの部分も曲全体を支配しているこの上ない優しい色彩——終りが近づくにつれて一層強調されています——から逸脱してはなりません。

第25小節。三幅画の第3部ですが、すばらしい洗練を見せてくれます。第27小節の右手のオクターヴ（$h-h$）は下行する小さな音階 h, a, g, fis, e（第27、28、29、30小節）の起点となっています。この音階は、すぐに各小節の第2拍目のテノールにはねかえっています。この間、バスは全体的にリタルダンドする中で第3、4小節で歌った歌を拡大して（つまり1拍の長さを2拍分で）聴かせます。譜例16。これほどわずかな言葉で、かくも多くのことを多くの恥じらいと魅力的な感性の中に語りうるものなのでしょうか。

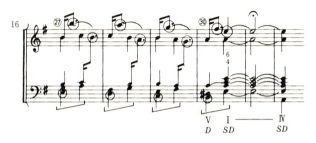

しかし、第30小節の右手の歌が停止する e ——左手の内声の歌はそこまで到達しません。すべてが眠っているのです——は終結するようで終結しません。たしかにこの音は I 度ではありますが、$\frac{6}{4}$ の和音に含まれており、そこに長く続くのは下属和音であって主和音ではありません。何も終ってはいません。すべてが、つまり詩人の夢が始まっているのです。

まだ完全に奔放なシンタックスではありませんが、既にフォーレやドゥビュッシーの虹色の作品につながるかすかな手法がその感触と優美な対位法の中に芽生えています。[23]

13. 詩人のお話

Der Dichter spricht

音楽家＝詩人が語る詩的想像には、いまや言葉もイメージも必要ではなく、わずかな音符、つまりいくつかのフレーズが瞑想的な一つのコラール——それは子供の未知の運命にかかわる神秘が通り過ぎるかのように思える、非現実的なアラベスクによって直ぐに中断されます。具体的な形は何もなくなり、ただ振動する音だけが存在します——の中にあるだけです。さらに、和音自体すら現実的ではありません（まさに詩的想像と音楽との一致がここにみられます）。つまり、すべての調性機能は、基本形で現われる最後の小節のトニックを除いて、すべて「転回形」の和音の上に成り立っています。この曲の音楽的構造—短く、こじんまりとしていて、長い息つぎによって分断され、フェルマータがあり、休符がある——は霊感のもつ、ほとんど神秘的な側面をひき立てています。

23「ピアノを巧みに弾いた時」の素晴らしい可能性は、他の楽器で代用することはできません。

このように感性に満ちたうちあけ話を伝えるためには、テキストの美しさと、それを楽器によって表現することの間に介在する目に見えない、精緻な対応関係を把えることのできるピアニスト＝詩人が必要なのです。ですから、これほど完全な優しい《子供らしさ》をそなえた《子供の情景》は、まさに技巧と解釈をともなう演奏上の問題を思うままにコントロールできるピアニストによってのみ取り組まれなければなりません。

歌曲より 6 曲

《人間はまさに考える葦であるが、その最も偉大な作品は考えない時、計算しない時に生み出される》[24]

鈴木大拙

　ロマン派の詩は自然というものに結びついています。

　ロマン派の詩はまた音楽にも深く結びついています。それは何よりも詩的ロマンティシズムがあらゆる音楽の中に潜在しているからでしょう。シューマンは《音楽は本来ロマンティックなものだ》と言っていますし、また《一個の芸術の美学はそれ以外のすべての芸術の美学であり、異なるものは素材だけだ。（中略）教養をつんだ音楽家がラファエルのマドンナを研究したら、それだけに得るものがあるだろうし、画家がモーツァルトのシンフォニーを研究した場合もまた同様であろう》[25]とも言っています。

　詩である音楽と音楽に呼びかける詩との相互浸透、その最も見事な挿絵の一つとなるものがドイツ語で《Lied》と呼ばれ、フランス語で《mélodie》と呼ばれるものの中に見出せます。詩人の感性とその翻訳者となる作曲家の感性の最も細やかなニュアンスにまで至る奥深い完全な一致によって、傑作中の傑作が私たちにもたらされたのです。歴史は、こうした素晴らしい花々で満ちています。シューマンのロマンティシズムがこれらの頂の一つに達し得たことは疑うべくもありません。

　しかし、音楽の力が控え目な詩を美しく変容させたり、さらに言葉が沈黙した後にもその霊気をただよわせたりするほど非常に大きなものであることを充分に認識する必要があります。私達はこれからの考察の過程でそうした色々なタイプを見ていくことになります。[26]

24　エリジェル著「弓道の中の禅」序文より。Herrigel, "Le Zen dans l'art chevaleresque du tir à l'arc", Ed. Derain, Lyon. 1955

25　シューマン "Gesammelte Schriften" 脚注1参照。

26　"Ich hab' im Traum geweinet" 56頁 および "Am leuchtenden Sommermorgen" 61頁参照。

すべての根底となる詩の忠実な注釈者であり、それを補う音楽は、自らを表現するのにやはり限られた技術的方法しかもっていないのです。従って、作曲家の芸術とはアイディアを表現に翻訳するための色々な方法をその音楽語法の範囲の中に見つけ出すことにあります。その最初の活動は、あらゆる厳密な探求の以前に詩的感情に対応する内的音楽を深く探ることにありましょう。それはまさに作品の再創造者つまり演奏家、歌い手と伴奏者、そして無論分析家が最初にしなければならないことでもあります。

シューマンとロマン派の詩人たちとの大いなる出会い、例をあげればフォン・アイヒェンドルフ、ケルナー、リュッケルト、とりわけアダルベルト・フォン・シャミッソー[27]、ハイネとその作品、つまり諷刺的でやさしく、情熱的で、しばしば辛辣な作品とのふれあいによって、シューマンの音楽は別な方向——不安定な調性感、空白の欲求、挑発的手法——へ導かれてゆくことになります。そして、この道のりはすでに彼を苦悩の運命へと導いていくことになる冷酷な道程に一致しているのです。みずからの苦しみをえぐる程のロマンティックな彼の傾向は、時として小節の単純な並列[27-2]にまで還元された表現を生み出します。それはすでにドゥビュッシーへの前兆となる芸術の形であり、印象主義の到来を思わせるものです。

散文詩を他国語に翻訳する場合に、音楽の中にある正しいアクセントに合わせなければならないという難しさから生じる、時には破滅的にもなり得る失敗が翻訳の内容にさえも重大な害を及ぼすのは既定の事実です[28]。私達の研究においては、言葉の正確な意味だけが重要です。ですから、非常に簡潔な散文で、もっぱら「詩の心」に可能な限り忠実であるように翻案することが読者にとって有益であると考えます。そして、このことが音楽にあてはめられた表現に即したことにもなるのです。

27　ドイツに亡命したフランスの貴族。"Frauenliebe und Leben" の作者。

27-2　"Ich hab'im Traum geweinet" 56頁参照。

28　単に韻文化のむずかしさだけを問題にしているのではありません。受難曲の叙唱部の翻案を考えてみて下さい。注意深くおこなわれているにしても、その叫ぶようなアクセントは原文に忠実なものではありません。

1. 異郷にて[29]

In der Fremde

作品39, 第1番

詩：アイヒェンドルフ

　この作品は詩の情感にこまやかに追従しているとはいっても、完全に伝統的な音楽の価値基準に従いながら展開されています。この見事な成功はシューベルト、フォーレ、デュパルクその他多くの作曲家たちによってひきつがれていくということからも、ここで音楽と詩が一体となって連節していく一致点を明確にしなければなりません。

　この詩は、まず過去の風景、つまり遠い想い出を呼び起こします。音楽もこれをしっかりとらえ、順次進行する素朴なメロディーが、調的な安定をもったfis-mollの中でⅠ、Ⅴという安らかな和音に抱かれながら歌います。それは夢見るようで、やさしく、その言葉と同じように郷愁に満ちていて、動きもほとんどありません。第1小節～5小節。譜例17。

Aus der Heimath hinter den Blitzen roth, da kommen die Wolken her;
aber Vater und Mutter sind lange todt, es kennt mich doch keiner mehr.
Wie bald, ach wie bald kommt die stille Zeit, da ruhe ich auch...
und über mir rauscht die schöne Waldeinsamkeit, und keiner kennt mich mehr hier.

赤い稲妻の彼方の故郷から雲が来る，しかし父も母もずっと昔に死んでしまい，あすこでは誰も私を知らない。何と早く，ああ！何と早く静かな時が来ることだろう，そうなれば私もまたやすらう，私もまたやすらうのだ，そうして私の上を美しい森の孤独がなり渡ってゆく，美しい森の孤独がなり渡ってゆく，そうしてここでは私を知るものは一人もいなくなる，私を知るものは一人もいなくなる。

29　独語から仏語への翻訳に関する注であるので省略します（訳者）。

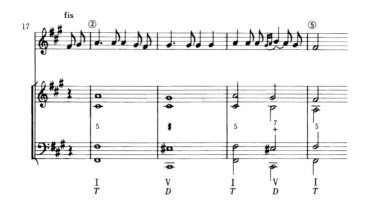

想い出は「リフレイン」の中に続けられ、そこでは死んでしまった両親の想い出への感動が強調されます。また和声的には第6小節の補助的な機能をもつSDの変化和音及び第7小節の表情豊かな倚音によって強められています。しかし、旋律はその流れにおいても調的安定性においても変化しません。譜例18。

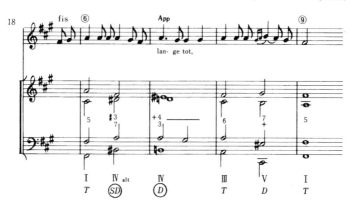

注　Ⅳ度上の「機能」の変化、つまりSDの変化和音と次のDに注意。

しかし、次に"Ach! wie bald"という叫びとともに、詩人にやがておとずれる休息と沈黙の時が呼びさまされます。やがて静かで憂鬱な旋律が広がってきます。つまり、順次進行から跳躍進行に移行し、歌は上行していきます。悲愴なアクセントが第13小節の e の音に置かれ、《私もまたやすらうのだ》と歌い

ます。和声もじっとしているわけではありません。転回形や必要な解決を伴う動的な和音によって転調していきます。すべてが動きの中にあるのです。ドラマはもはや単なる想い出ではなくなり、詩人自身に関わってくるのです。譜例19。

第3部において詩人は再び風景《美しい森の孤独》を見て、次に《ここでは私を知るものは一人もいなくなる》決定的な孤独に帰るのです。想い出の主題が再び第15、16、17、18小節で安定した調で戻ってきます。しかし、この調は始めの調ではありません。もう同じ問題ではないからです。そして、詩に対して非常に忠実である作曲家は主題を主調の SD である h-moll で呼び戻します。第15〜19小節。譜例20。

備考　第16〜17小節において再び現われるⅣ度上の「ドミナント」の機能に注意。

49

この調性を選んだことに注意しましょう。「♯を一つ取り除く」ことで「音楽的に」傷心、諦めを表わしています。それこそここでの詩的表現の根底にあるものです。
　しかし、シューマンは調性音楽の作曲家であり、統一性の規則を深く尊重します。h-mollで始まる再現部のフレーズは第21小節でfis-mollに帰結します。曲の終りを始まったところと同じ場所にあるようにすることが必要なわけです。譜例21。

備考 「調性和声」97頁参照。私の数字付けの考え方によれば、「単なる」変化和音には、実音の場合と同じ記号、つまり（＋と／）の使用を避けるわけです。同じことが譜例18の第6、第7小節にもあてはまります。

　ある場合には暴君的に見えるかもしれない作曲上の要求が、ここではいささかも邪魔にはなりません。同じ結末は、それが何時であれ何処であれ、あらゆるものに残されているのではないでしょうか。詩人の瞑想が彼をこの最終的な結論にいたらしめ、彼はそれを小声でささやきます。そして、音楽家は詩人に従って最後のカデンツァ（第20～21小節）にトニック・ペダルを伴う郷愁に満ちたコーダを付け加えます。すでにすべてが語られ、トニックと共に終っています（第21小節）。しかし、感動的な刺繍音がトニックを揺り動かします。それは第22小節の g で、ナポリの6度です。再び♯が一つ失なわれるのです。第2の刺繍音、つまりトニック上のドミナントが短い間ながら調性上の特権を回復

します。かくして、不動なトニックの上にこれらの内声が数小節にわたって交互に現われ、その二重の装飾を歌います。つまり、g (♮)のサブドミナント的な抑揚変化とドミナントの再現との二つの調性機能が呼びさまされます。譜例22。[30]

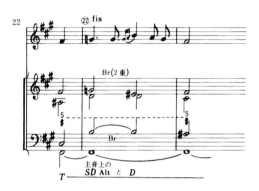

こうして、論理的な均衡を保ちながら詩人の意図を少しも見のがさず、まさに詩の形式そのものにそった音楽の形式が現われます。

	詩		音　楽
I	風景。思い出と孤独を呼びさます。	I	主調 — fis-moll 「主題」は数度の間を上下する順次進行に還元され、主要三和音によって支えられています。 I—IV—V
II	動揺した叫び声が沈黙と休息を求めます。	II	転調的な中間部、跳躍進行するメロディー、動的な和声進行。

---

30 装飾音に対するいつもの二重の考え方です。ここでの装飾音は機能的な様相を呈していますが、その機能は装飾的役割しか果していません。「調性和声 Harmonie tonale」90頁、注9および91、92、180、189、247頁譜例324、249参照。

51

Ⅲ　風景。決定的な孤独を呼びさます。　　Ⅲ　*SD* での主題の再現、ついで
　　　　　　　　　　　　　　　　　　　　　主調での再現、その順次進行
　　　　　　　　　　　　　　　　　　　　　のメロディーと主要な和声に
　　　　　　　　　　　　　　　　　　　　　よる結句。
　　　夢想の延長。　　　　　　　　　　　　トニック・ペダル上の二重刺
　　　　　　　　　　　　　　　　　　　　　繡音によるコーダ※

備考　第23、26、27、28小節にまたがる終結の和音の *ais* は、崇高な手法の中での万物の終焉の
甘受をたたえているかのようです。しかし、第15、18小節で h-moll にもどる前の結句の第一
歩である h-moll のドミナントとこの *ais* とが、曖昧になりうることを指摘しておきましょう。
あたかも感傷的な *SD* が依然としてこの終結部全体にわたってその特殊な表情をもち続けてい
るかのようです。

　詩に緊密に従っている音楽の経緯をこと細かに見ても、奥深く秘められた魅
力のある詩を傷つける要素は全く見当りません。それどころか音楽は詩の世界
にかくも深く浸りきり、詩の世界の神秘を見つめ、無言のうちにそれを解りや
すく注釈しています。

2. そはフリュートとヴァイオリン
Das ist ein Flöten und Geigen
作品48，第 9 番

詩: ハイネ「詩人の恋」1840年

Das ist ein Flöten und Geigen
Trompeten schmettern darein;
Da tanzt wohl den Hochzeitreigen
die Herzallerliebste mein.

Das ist ein Klingen und Dröhnen,
Ein Pauken und ein Schalmei'n;
Dazwischen schluchzen und stöhnen;
Die lieblichen Engelein.

あれはフリュートとヴァイオリン（の音)、トランペットの音もまじる。トランペットの音もまじる。きっとあすこでわたしの最愛の人の婚礼の輪踊りが始まっているのだ。わたしの最愛の人の。
かん高い音，低い音，太鼓の音やチャルメラの音。その間に声をのんですすり泣く，声をのんですすり泣く愛すべき天使たち。[31]

　この作品には全く同じクプレが二つ（第 1 ～33小節、第36～67小節)があり、その間に 2 小節の移行部（第34～35小節）と終りにピアノだけに託されるコーダ（第69～85小節)があります。詩と音楽とのシンメトリーは完全です。
　この優美な、切れ目のない、いささか気まぐれなアラベスクの感覚を音楽的な見地から探求する方法は何でしょう。譜例23。

31　独語から仏語への翻訳に関する注であるので省略します（訳者)。

曲の調性がどうなっているかを調べ、それと歌詞が様々に推移する一致点を見ていきましょう。

Ⅰ 1）フルートとヴァイオリン
　　鳴り響くトランペット
$\left.\begin{array}{l}\\\\\end{array}\right\}$
第1～17小節 d-moll→F-dur
（平行調）

　　2）私の愛する人の婚礼の行列
$\left.\begin{array}{l}\\\\\end{array}\right\}$
第18～33小節 g-moll（下属調）
→B-dur（平行調）

2小節の移行部——第34～35小節

Ⅱ 1）やかましい太鼓とシャルマイの音
$\left.\begin{array}{l}\\\\\end{array}\right\}$
第36～51小節 d-moll→F-dur
（平行調）

　　2）小天使達のすすり泣きと嘆き
$\left.\begin{array}{l}\\\\\end{array}\right\}$
第52～67小節 g-moll（下属調）
→B-dur（平行調）

2小節の移行部——第68～69小節

コ ー ダ——第69～85小節

ピアノ独奏。曲全体の一種の調的要約部。

d-mollのドミナントと第74小節のg-mollのドミナントへの傾斜。

d-mollの下行の半音階、長3度が置かれたトニック・ペダル（第81～85小節）。

テキストに細心の注意を払うシューマンが、第2ストロフの新しい歌詞に新しい音楽を着想しないで全く同じにくり返したという理由を探さなければなりません。それは「歌詞」ⅠとⅡが完全にシンメトリーであり、相関する「音楽のシンメトリーはこれに基づいていると考えられます。いかなるドラマもなく、音楽の《筋》に働きかけるものは何もありません。それは一枚の絵、一つの描写であり、その中で詩と音楽が一対となって進行しています。

この魅力的な曖昧さに注意しましょう。つまり、第77、81小節の長3和音となったトニック $d-fis-a$ を下属調（g-moll）のドミナントとすることもできましょう。この場合、流れるようなアラベスクは不安定な状態で中断されるわけで、それは詩が婚礼の行列や小天使たちの出現 … を描き出す以上にそれを暗示しているようです。音楽的に見るといささか謎めいているこの終りの部分に、

54

婚礼の行列と《すすり泣き、嘆く》小天使たちのロンドというちょっと意外な、そしてほとんど皮肉とも言えるような対照が微妙に暗示されていると見るべきなのでしょうか。すべては見事に処理されています。彼の職人としての仕事と芸術家としての仕事とは同じように仕上げられ、そのどちらにも《手を加える》余地はありません。リートのストロフが二つであるにもかかわらず、詩と音楽の融合は完全です。そして、終りのピアノに託された言葉なき注釈は、テキストが暗に問いかけているすべての問題を解決することなく続いて行きます。

3. われ夢に泣きぬ

Ich hab' im Traum geweinet

作品48，第13番

詩：ハイネ

「詩人の恋」

Ich hab' im Traum geweinet, mir träumte du lägest im Grab.
Ich wachte auf, und die Thräne floss noch von der Wange herab.
Ich hab' im Traum geweinet, mir träumt' du verliessest mich.
Ich wachte auf, und ich weinte noch lange bitterlich.
Ich hab' im Traum geweinet, mir träumte du wärst mich noch gut.
Ich wachte auf, noch immer strömt meine Thränen fluth.

わたしは夢で泣いた，夢だとお前はずっと以前に墓に入っているのだ。

目が醒めても涙が頬を濡らして流れた。

わたしは夢で泣いた，夢だとお前はわたしを捨ててゆくのだ。

目が醒めてもまだ長いことわたしは烈しく泣いてしまった。

わたしは夢で泣いた，夢だとお前は今でもわたしにやさしくしてくれた。

目は醒めたけれど，いつまでも涙が流れて仕方がない。[32]

　有節形式——3節から成る——は、ここでは反復というシステムの奴隷になっているわけではありません。この作品の唯一の特長は雄弁にあります。つまり、最初の二つのストロフ(第1小節と第13小節)では歌と伴奏の短い応答がまるで一致することなく交互に現われるのに対して、第25小節の第3ストロフでは前の二者と同じ長さ、同一の外形を保ちながらも別な表現の密度を帯びている新しい要素——幸福の喚起——がもたらされます。言い換えると次のようになります。

　　1.　エクリテュールがまったく異なり、和音の数が多くなっています。

　　2.　蓄積された非常に荒々しい不協和音が《とめどない涙》を目のあたりに描き出し、この曲の唯一の長調の出現（第28～29小節）によって喚起され強調されるつかのまの幸福の幻影に対照されます。

32　独語から仏語への翻訳に関する注であるので省略します（訳者）。

倚音は、強拍上の刺繍音——ポリフォニー[34]の時代以来、苦しみそのものを表わした——と同じく表情的なアクセントをもつのですが、ここでは第3小節での"単純"倚音、或いは第9〜10小節の"二重"倚音[※]という形で最も重要な役割を果しています。倚音によって装飾される音符は、その作用が続くかぎり一定の長さを保ちます。こうして最初の旋律の断片全体（第1〜3小節）はその刺繍音 ces の方に表情をもって傾く長い b でのみ表わされます。ピアノの応答は逆にドミナントとトニックの二つの和音で構成されています。最初の和音は弱拍上の8分音符に対する上拍という価値しかもっていません。譜例24。

歌にとってのある定点と和声にとっての「独特なグループ」つまりカデンツァV−Iの不動性が、詩人の魂の中で異なった形をとる様々な夢、しかし凝結した夢のイメージとうまく結びついています。強迫観念は常に同一の軸をめぐります。音楽は歌の主要な音、つまり第3〜4小節 b, 第7〜8小節 es, 第10小節 as, 第12小節 f に基づいた四つの支点に還元され、この調性の和声の基本的なポジション、つまり T, SD, D に一致しています。譜例25。

---

33 ここでは「倚音」と「刺繍音」という言葉の上での無分別な混乱を避けることにしましょう。第3小節第1拍の「長い」刺繍音は倚音の「よりかかる」アクセントとも取れますし、そのどちらを選ぶかについてはとりたてて理由はありません。「音楽的には」意味は同じで、そのことだけが重要です。用語の選択にとらわれないように注意が必要です。

34 ヴァンサン・ダンディ「作曲法 Cours de Composition」第1巻 78頁参照。Durand. édit. Paris.

従って、第9小節の「増5の和音と思われる」ものもこの点から理解していかなくてはなりません。二重倚音——*g, b, as* ——の最初の音である *g* はバスの *ces* とともに「和音」を作っているわけではないのです。何故なら、*ces*— *g* の増5度は、和声的な実体を構成しているのではなく、旋律上の「装飾的な」衝突によって作り出されています。第1拍目の変化音に負っている表現力の強さが《Ich warte auf, und die Träne》 という言い回しがもつ悲愴な調子を見事に描いているのです。譜例26。

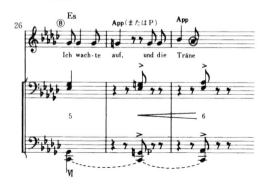

備考　第2の倚音——第10小節の *b* ——つまり「二重」倚音の第2の要素は最初の倚音を強化しています。実音 *as* の期待感を強め、パッセージの表現上の密度を強調します。バスは不動のままで、上に二つの和音、つまり第8小節の5の和音と第10小節の6の和音が作られます。*g* は相互の和音を結びつけているにすぎません。

この様にこの最初のストロフの全体は12小節で四つの和音をもっているにすぎません。同様に第2のストロフも全く同じで、共に同じことを語っています。つまり、隣接音でできた短い旋律の断片があり、ブレスのための休符は、わずか

に句読点を付してあるいくつかの和音が支えています。

　第３のストロフは全く別のいき方をしています。これは詩がつかの間の幸福《お前は今でもわたしにやさしくしてくれた》を暗示する唯一の箇所で、Des-durへの輝かしい転調が現われます（第28～29小節）。それはニュアンスとリタルダンドによって強調されるⅤ－Ⅰの力強いカデンツァによって導かれているのです。歌はdesをしっかりつかまえ、まるで希望の象徴にしがみつくかのようにその音を４小節にわたる長いペダルとして保持します。またこのペダルはピアノの内声部（アルトとテノール）にも反映しています。一時的にすべての流れにはめこまれたこの新しい主音desは激しい半音階からの痛手を平然と受けながら（ピアノのアルトとバス）、調性外の変化音 fes——第６小節と第17小節で既に出会った es-moll のナポリの６度——が《涙》という言葉のところで現われてつかの間の晴れ間を決定的に砕いてしまうところまで続きます。譜例27。

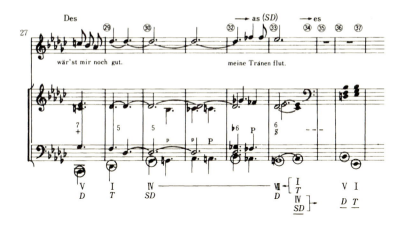

　しかし、通例のごとくナポリの６度のfesは下属調の軌道、つまり as-moll ——変化音gをもたらす（第33小節）——にその重力全体を移し変えます。また、第33～34小節で as-moll のⅦ－Ⅰの小規模で一時的なカデンツァがもたらされます。詩にしたがうことと音楽構造の両面——《わが涙の奔流、流れてやまず》——から必要となる主調への必然的な落下も、下属調（SD）への分岐点、失意を表わすこの上もない調性的場面で１小節全体が完全な休止になるという

感動的瞬間によって強調されるこの分岐点で中断されています（第35小節）。次に暗黙の内にある機能の変化によって *as* は冒頭から涙が夢に入りまじる主調 es-moll の Ⅳ度に単純に戻ります。譜例27。

備考　第34小節 *as* 上の和音は共通和音の典型です。これは去ろうとする調つまり as-moll の一時的なトニックであり、同時に次に行こうとする es-moll にサブドミナントとして属しています。

　また次の点に注意しましょう。このパッセージ全体の「エクリテュール」及びその性格が共に変化しています。歌と楽器が今度は同時に奏され、ピアノでは全体がレガートで弾かれ、もはやスタッカートではありません。

備考　希望と空しさの狭間にあって４小節にわたり保留される *des* が「旋律的な」支点になっています。それがどういう形で現われようとも、曲の原動力となっているのは、いささかもこのパッセージにある和音ではなく、まさにこの *des* なのです。この音が起ること すべての不動な機軸となっています。というのも、そこには本来の意味での和声というものがないからです。半音階の使用は専ら「経過的」であり、「いささかも転調的ではありません」。譜例26。第30小節の *ges* ——つまり一瞬現われる長調のサブドミナント、そしてこれはまた第32小節で転回形として再現されます——上の支点の後の「唯一の能動的な変化音」は第33小節の *g* です。*fes* ——つまり前に聞いたばかりの装飾的な変化音、ナポリの６度であり、*as － es* へとすべてを傾斜させる音——と結びつく *g* は Des-dur が存在するあらゆる可能性をひき離し、主調外への逃走の希望を最終的に無にしています。

　音楽の独自の力とその完全なる均衡を保持するなかで、これ以上に詩的感情に迫れる優れた音楽的手段を想像するのは難しいことです。

　偉大な作品なのです。

4. 輝く夏の朝に[35]

Am leuchtenden Sommermorgen

作品48，第12番

詩：ハイネ

「詩人の恋」

　テキストをよく読んでみましょう。すべては美しく純粋にうつります。光輝く夏の朝、花で満ちている庭‥‥。《aber》‥‥しかし、私は一人で、私はだまって歩いています。この魅力的な情景には一つの影がさしているのです。そして、この美しい B-dur の調性も第1小節目から既に *ges, e, cis* という変化音の形をとっています。けれども、第2小節においては堅固な $^6_4$ の和音がすべてをもとの位置に戻し、カデンツァがつつがなくその安定機能を果します。譜例28。

　この影は一塊の雲にすぎなかったのです。SD の変化和音が表情を緊張させ、調を装飾しますが、この調の確立を妨げているわけではありません。基本和音の前の上拍なのかもしれません。その検討は後にして、庭の散歩を続けることにします。

35　Am leuchtenden Sommermorgen, geh' ich im Garten herum.
　　Es flüstern und sprechen die Blumen, ich aber wandle stumm.
　　Es flüstern und sprechen die Blumen, und schau'n mitleidig mich an:
　　《Sei uns'rer Schwester nicht böse, du trauriger, blasser Mann!》

　光輝く夏の朝，苑を経めぐれば，花は小声で囁くが，わたしは黙っている。
　花は小声で囁き，気の毒そうにわたしを眺める。
　「わたしたち姉妹に腹を立てないでね，悲し気に蒼ざめたひとよ」と。

花々はささやき、語りかけます。それはよいのですが、このささやきに♯と♭が入りまじり（第8、9小節）、尚早な異名同音 *b-ais*（まだ何も生じていないのですから）と、大胆な調性感（歌は他の調にあるのに、ピアノが漠然と暗示するHの調）を用いた一種のいぶかしさは何を意味するのでしょう。譜例29。そこには第1小節の和音と奇妙にも一致する和音があります。

　花たちは、私の逍遥が孤独なもので、喜びがないことを理解していたのでしょうか。
　そして今や花たちは私に語りかけるのです。花たちは私という《憂鬱で、蒼ざめた人間》の心の乱れに《langsamer よりゆっくりと》言葉をさしはさんできます。長調と短調が入りまじり（第17〜18小節）、再び始めと同じ *ges* と *e* の変化音が、*cis* の異名同音 *des* を伴なって突然現われます（第19小節）。旋律はドミナントの長いペダル（第20〜23小節）の上に張り出し、調的安定を守ろうとするこの不動の音に旋律的なあざ笑うような大きな跳躍がかぶさります。この皮肉な跳躍進行の後、まず上行するアルト（第20〜23小節）に、ついで下行するバス（第24〜26小節）に半音階が侵入し、跳ねるようなシンコペーションの反復が現われます（第23〜28小節）。そして再び始めにあった皮肉な変化音が挑戦するかのごとく戻ってきます（第19、24、26小節）。譜例30。

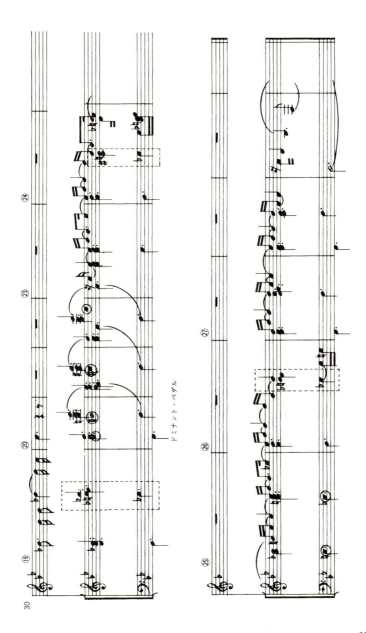

歌はずっと前から沈黙しています。ピアノにのみ託されたリズムの変形や半音階の浸蝕は輝く光、そして何ごともないいつも通りの光をあざ笑っているように思えます。これらは庭をさまよう不可解なシルエットのカリカチュアを想像させます。

　これらのすべては音楽が教えてくれるものです。つまり、人がその想像力で自由に作りだすことができるものとは全く別なイメージがそこにはあるのです。しかし、次のことに注意しておきましょう。即ちここには具体的な模倣の跡はいささかもないということです。それは音楽の「精神」であり、その「純粋に音楽的な」こまやかな動きが言葉の言わんとすることを暗示しているのです。

　興味深いことは、この詩に対する注釈全体が「独唱の外に」存在している、つまり伴奏部であるピアノに託されているということです。それ故にまた、テキスト以外のところに言葉の真の意味を見つけ出さねばならないのです。記された言葉がすべてではなく、ピアノによって延長されている部分の意味を深く理解し、これを意味のない後奏としてではなく、全体の中の傑出した部分として見ることが必要です。

注4　細部に関心を寄せる人のために技術に関するいくつかの注を施し、私の演奏解釈に関する考え方をより明確にしておきましょう。

　1.「第1小節の和音」

　　　主調のⅥ度の変化和音（譜例28）が、曲の始めで調を確立する最も単純かつ完全なカデンツァ、つまり *S D, D, T*──ここではⅥ度、Ⅴ度、Ⅰ度──を強化していると考えるより他はありません。《他調からの借用和音》ということ、これは私たちが装飾的だと考えているこれらの変化音を「実音」として正当化することになるのですが、いかなる調的な基準もまだ存在しないのでほとんど考えられません。この和音の現われ方には、「音にならない実音の省略」があるにすぎません。この変化和音には先行する和音が想定されるわけで、この変化和音自体が先行する和音の延長部として三つの半音階的経過音 *ges, cis, e* を伴っているにすぎません。譜例28。

　　　この論法を最後まで推し進めると、「和声的なものではなくて旋律的なものに由来している」この構成音を「和音」という名目で考えるのではなく、装飾的なものとして第2小節における決定的な $^6_4$ の和音、つまりカデンツァの開始にあたって中でもとりわけ断定的な和音への上拍と考えることになるのです。

　　　音を垂直方向に見るという古くからある習慣のために私たちは常に「和音ばかり」を見ようとし、旋律的な要素がすべてを語りうるようなところでも和声的な答えを見つけ出そうとする過ちに陥るのです。

2.「第20、21、22、23小節にわたるドミナントのペダルについて」
   ドミナント・ペダル上の旋律線についての簡単な考察
   一つはソプラノにあり「順次進行」で装飾的な逸音を伴っています。詩からの注釈と関連して現われるピアノ的な大きな跳躍、それによって旋律線を見失ってはなりません。譜例30と31。
   もう一つは内声のアルトにあり、「順次進行」と「半音階」です。譜例30と31。

3.「エクリチュールの変化は必ずしも機能を変化させるものではありません」
   第1小節の《和音》は cis で書かれているのに対し、第26小節の和音では cis が des に置き換えられています。これらはそれぞれ違った形の変化和音となっていますが、そのサブドミナントとしての機能は同じです。この和音の主要な部分、つまり SD の中心に位置するのは常に es, g, b なのです。たとえこの和音が下方に c, es, g, b と拡張されたり、或いは上方に es, g, b, d と拡張されても、その機能は変りません。譜例32。そして、変化音によって c が cis に、d が des になっても SD の中心部が es, g, b のままであることには変りありません。譜例32。たとえこの中心自体に変化記号が付くことがあっても、それが装飾的なものである限り、つまり調性に対して旋律的にしか関わらない場合、その機能は変りません。譜例32。

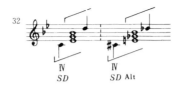

さらにもう一つの音符 g が変化音 ges となる場合、半音階のもたらす緊張感が強調されます。また、この和音の根音 es 自体に ♮ が付けられ e となった時、緊張はさらに強調されます。緊張はすべての変化音がそれぞれの引力の方向に従って──♯と♮は上行し、♭

は下行する――解決されなければならない「必然性」によってもたらされます。しかし、その和音の性質、役割、つまり「機能」は変りません。譜例33（連結部 d における *des* の解決は、例外的"上行"ですが、順次進行によって正しく行われています）。

以上の説明をまとめると次の通りです。①三つの変化音をもったＳＤの和音と次に続くＤとの直接的な関係が、問題の臨時記号によってもいささかもゆらぎません。②カデンツァの感覚がⅣ（それが変化和音であろうとなかろうと）、Ⅴ、Ⅰという調性上の絶対的な型の作用のもとで完全に維持されています。③ショパン、シューマン、リスト、フランク、ヴァーグナーなどの作品に見られるロマン的な《解放》は、7度と9度の不協和音程の積み重ねによってすでに《拡張》されていた和音を半音階の使用によってさらに豊かにすることに貢献しました。ドビュッシーやラヴェル以前にフォーレがこの領域で寄与したことを確めてみるのは興味深いことです（第5巻，第12分冊参照。フォーレ「主題と変奏」第9変奏曲，第2小節，4音共変化した和音。同じく「調性和声」第5巻，第12分冊208頁参照）。④「楽器的なエクリチュール」における声部の奔放な展開を常に考察すること。完全に遂行されている必然的な解決はオクターヴを度外視している、つまり音階の中の音の位置にこだわっていないのです。譜例30と31。

5. 今汝初めてわれに悩みを与えぬ

Nun hast du mir

作品42，第8番

詩：シャミッソ

「女の愛と生涯」

Nun hast du mir den ersten Schmerz gethan, der aber traf.
Du schläfst, du harter, unbarmherz'ger Mann, den Todesschlaf.
Es blicket die Verlass'ne vor sich hin: die Welt ist leer.
Geliebt hab' ich und gelebt, ich bin nicht lebend mehr.
Ich zieh' mich in mein Inn'res still zurück, der Schleier fällt.
Da hab' ich dich und mein verlor'nes Glück, du meine Welt!

いま初めてあなたはわたしに悩みを与えた。でもそれは(胸に)つきささる。
あなたは眠っている，ひどい方，冷酷な方，死の眠りにおつきになって。
残されたものは自分の前を見ていますが，世界は虚ろです。虚ろです。
わたしは愛し，生活してきました。しかし今ではもう生きていません。
わたしは自分の心の中に静かにひき閉じ籠り，帷りは(重く)垂れ下がる。
あの向うにはあなたとわたしの倖せがあるのです。ああ，あなただけがわたしの世界なのに！

もはや《うつろな世界》しか残されていない女の陰鬱な心象が，冒頭の単純な和声と，それに続く耳ざわりな摩擦——第8小節，*d-es*——、調性を遠いb-moll（経過的）の方にゆり動かす微妙な異名同音——第9小節，*fis-ges*——、不安定な調性を際立たせる連続した二つの $\frac{6}{4}$ の和音——第9〜10小節——との対比の中に表わされています。これらすべてがいくつかの音に集約され，残された女を悲劇的に描写しています。譜例34。

永遠の混乱分子である半音階が、第9〜11小節で内声部のアルトに旋律的に巧みに入り込み(第9〜11小節)、この悲しみに満ちた世界を雄弁に想起させます。譜例34。

　シューマンにおいては和声的な雰囲気はいつも非常に重要です。そして歌の魅惑的な、或いは悲愴な表情は、多くの場合和声が明らかにする状況を線的に投影しているにすぎません。

　《・・・わたしは自分の心の中に静かにひき閉じ籠り・・・》ここで、主調d-mollに戻ってきます。いろいろな転回形で現われる長いドミナントは崩れずに続きます（第16〜19小節）。次に、このドミナントの上で、遂にすべてが保留されたままになります（第22小節）。心象が永遠に消えてはならないかのように・・・。

　次いで突如として調が変り、輝やかしいB-durが現われます。この連作歌曲[36]を始めた調性の中でしめくくられるわけです。愛する人への喜びに輝く想い出《どこに目を向けても、あのひとだけが見える》なのです。初めのリート《彼の人を見てより》が、歌と伴奏を一緒にしたピアノによって完全に復元され、この長い愛の歌がしめくくられます。すべての悲しみの以前にあった愛を感嘆して詩が終るわけです。

　再びこの音楽家の親密な最良の友、ピアノに最後の結句を受けもたせます。もはや言葉は必要ではありません。しかし、音楽と詩の美事な溶け合いからこの詩句がまさに音楽家＝詩人の内にあった音楽を表出するためにできていたかのように思えます。

36　シャミッソ「女の愛と生涯」作品42 第1〜8番 1839年

6. 胡桃の樹

Der Nussbaum

作品25，第3番

詩：モーゼン

比類のない調べの中に幸福な愛、苦悩の愛、人間の苦しみを多く歌いあげたシューマンが、ここではそのやさしい、澄んだ魂を、ほほ笑みかける音楽の中に漂わせています。緑なす胡桃の樹、生まれ出る新芽をやさしく愛撫するそよ風、そして、乙女の夢をめぐるひそかなささやき、これらは心のときめきの到来を表わしています。

Es grünet ein Nussbaum vor dem Haus
Duftig, luftig breitet er blätt'rig die Blätter;
Viel liebliche Blühten stehen d'ran,
Linde Winde kommen, sie herzlich zu umfah'n.

Es flüstern je zwei zu zwei gepaart,
Neigend,beugend zierlich zum Kusse die Häuptchen zart.
Sie flüstern von einem Mägd'lein
das dachte die Nächte und Tage lange.

Wusste ach! selber nicht was.
Sie flüstern, sie flüstern, wer mag versteh'n so gar leise Weis ?
Flüstern von Bräut'gam und nächstem Jahr...
Das Mägd'lein horchet, es rauscht im Baum, [37]
sehend, wähend sinkt es lächelnd in Schlaf und Traum.

37　家の前に緑なす胡桃の樹，勾やかに軽ろやかに拡げられたその葉蔭。そこに乱れ咲く可愛らしい花。そよ風が来て，そっとひるがえす。二つずつ対になって囁き交わしている，小さなやさしい頭に接吻しようと優雅にお辞儀しながら。囁くは一人の乙女のこと，夜も昼も物思う乙女のこと，然も，ああ！自分で何を考えているかも知らぬ乙女のこと。彼らは囁き交わす，囁き交わす，あんなにひそかな話し声が誰にわかろう？囁くは花聟と翌くる年のこと，翌くる年のこと。乙女は囁き入る，木はさやぐ。憧れつ，夢みつつ，眠りと夢のなかで微笑みながら頸を垂れ。

無名な一詩人のこの詩句——実は非常にデリケートな味わいをもった——はシューマンとの出会いがなかったらどうなっていたことでしょう。この出会いは幸運だったのです。私たちはそこに生命の内的混乱の懸念がまだ生じていなかった、あるいはわずかであった時代に創作された一つの作品からの証言をとらえるわけです。

三つのクプレ

　優しい情景と平穏な心が顕著です。このことから、第1クプレ（第1～32小節）ではうっとりするようなフレーズがまのあたりの幸福感を伴なって3回反復されています。G-dur とそのドミナントだけですべては足りています。譜例35。

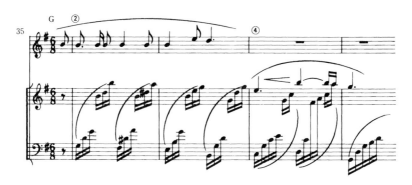

　第2クプレで想起されているのは、中心人物つまり若い娘です。大木に乱れ咲く花々が二つずつそっと彼女のうわさをするのです。ピアノは調性をもう一つの方向、つまり a-moll へ傾ける役割を担っています（第31、32小節）。旋律の音程は広がり（第37節の5度）、さらにふくらみをみせます（第39小節の7度）。乙女は自分が何を考えているのか知っているのでしょうか。譜例36。

　しかし、神秘性を帯びた第3クプレは、その秘密を私たちに解き明かします。つまり、木の葉たちが《彼女の花婿と翌年のこと》をささやくのです。トニック・ペダルの上で眠りと見えざるものの中へ消え去る様々な反映がかろうじて表現されています（第51～56小節）。このうつろい易く、ひかえ目なイメージを喚びさますのにこれ以上すぐれた音楽的方法があるでしょうか。譜例37。

　この短い三部作では、一つの想像上の世界全体が一瞬その姿を現わすのです。しかし、一瞬とは言えそれはかなりはっきりした形で現われます。情景に色彩が与えられ、音楽は詩と完全に溶け合い、形式的な均衡を完璧に保つ中でこの色彩をしっかり把えます。

――木、第1～30小節　　G-dur で三つのリフレイン　　　　提示部
――乙女、第31～43小節　a-moll　　　　　　　　　　　　転調部
――夢、第51～66小節　　トニック・ペダルを持った　　　再現部
　　　　　　　　　　　　G-dur もはや何も動かない

備考1　歌の延長部となり、歌詞のない歌となっているピアノのリトルネロが各詩句をわけています。ピアノと歌は第2拍（弱拍）で倚音によるアクセントを順番に聞かせます。この抑揚は非常に表現力のあるものになっています。譜例35、第4小節。第2クプレの旋律の拡張はこの抑揚の上で行なわれます。譜似36。

備考2　第1小節と第41小節とを比較してみましょう。第41小節の cis はいささかも転調的ではなく、エスプレッシーヴォな経過的変化音にすぎません。それは《自分で何を考えているかも知らぬ乙女》の詩句の感動的な意味を強調しています。ドイツ語の《ach》つまり《wusste ach! selber nicht》は《rit》のついた7度、最も開いた「旋律的」音程に対応しています。譜例36、第39小節。そして、すぐ後に G-dur のⅡ度上の SD の変化和音による「和声的に表情を豊かにする意図」が現われます。第41小節 a (cis)。譜例38。

備考3　第51～56小節の g のペダルの上の内声の旋律に注意する必要があります。つまり、アルトにおける下行の半音階的順次進行（52～53小節）、テノールにおける上行して下行する半音階的順次進行（51～56小節）です。譜例37。音楽を豊かにしているこれらの魅力的な細部がまさしく《ピアノ》に託されています。

　　シューマンのポリフォニーの感覚はバッハから受け継がれています。そのどちらにおいても「すべての声部は歌っている」のです。譜例38。

シューベルト、デュパルク、フォーレと同じように、シューマンの作品では今まで言及してきた二つの芸術の補完的な関係が完全に具現されています。その見事なできばえは私たちを魅了し、時を忘れさせてしまいます。音楽はその本質的な力を主張しながら、さらにあらゆるものの要求に答えられる驚くべき力をもっているのです。無論それは音楽家が本物の知識をもって音楽の力を用いる場合であるのは言うまでもありません。

　最も具体化されない言語がもたらすこの普遍的な傾向によって、音楽はそれに身を捧げる人々に無理解と敵意の障害を克服する精神の高みへ通じる道を開いてくれるのです。[38]

38　音楽のもつ素晴らしい教育的な力が正式な教育の場で理解され、そこから期待できるものが外国で大分前から行われているような大きな規模で実現されるとよいのですが。

変奏形式による交響的練習曲

作品13　1834年〜1837年

フリッケン男爵の主題による

《古典派、ロマン派、印象主義、表現主義に係りなく、"絶対"
音楽、近代音楽、現代音楽に係わりなく、可能な限りの最良の
音楽を作ること、これこそまさしくシューマンがなし得たこと
である》
シャルル・ケックラン[39]

　シューマンの音楽には二つの発想標語、《zart やさしく》と《rasch 性急な》
がよく見られます。「オイセビウス」と「フロレスタン」という二つの比喩に
富んだペンネームによっても象徴されるこれらの言葉は、彼の情熱的な性格を
表わすものです。

　これから取り組もうとしているこの傑作は、シューマンが24才の時に書き始
めたもので、最も鋭い繊細な感性をともなった高潔な心と魂の高揚による身震
いがいたるところに感じられます。奥深い、豊かな内的生命のときめきが、こ
のページの中に力強く、抑え難い躍動を通して啓示されています。それは「子
供の情景」と「詩人の恋」の作者に特有な愛情に満ちた親密な口調で語る、え
も言われぬ打明け話とよい対照をなしています。

　ピアノの巨匠としてショパンやリストと並び称されるシューマンにとって、
オーケストラはベートーヴェンの場合のように自らの天才に最も適した表現手
段の一つというわけではありませんでした。しかしながら、当初「管弦楽的性
格の練習曲」と名付けられたこの「交響的練習曲」に管弦楽的な音量や音色に
よる色彩が要求されることは、その音楽的性格、エクリチュール、着想から生
ずる表現上の一種の必然性によって裏付けられています。私が最も影響を受け
た想い出の一つ、それはアルフレッド・コルトーが多年にわたって続けた素晴
らしい演奏講座です。私の楽譜には彼の隣りでとったメモがたくさん残ってお
り、そこには曲全体にわたってオーケストラの楽器が示唆されています。この

39　音楽雑誌"Revue musicale"のシューマン特集号(1935年12月) のシャルル・ケックラン
による"Schumann , musicien romantique, national et universel"(21頁の脚注 1)

このメモについては、研究を進める中で部分的に触れていくことにしましょう。[40]

　強固で、力強く、しかも最も哀調を帯びたパッセージに至るまで毅然としているこの一面から《完全に構成能力をそなえたロマンティシズム》(シャルル・ケックラン)[41] をうかがいしることができます。その証明はこの本の中で絶えずなされます。

　それなのに、このすぐれて健康的な彼の本性の芸術活動の前に、突然おとずれた断絶、彼自身の中で争っている対立する力のはげしい幻覚を見なければならなかったことを考えると心が痛みます。

　修辞学のそらぞらしさ、スコラ学の強力な影響力に対してシューマンほど譲らなかった人はいませんでした。そして、意中を打ち明けるような、と同時に輝かしい彼の音楽は非常に真摯に表現され、わざとらしい雄弁を探し求めることはなかったのです。それぞれの音楽家を賞讃することはできるでしょう。‥‥しかし、シューマンは「愛すること」が必要です。

　とりあげてきた作品の一つ一つを辛抱強く追ってこられた読者の皆さんは、始めに触れた本質的な音楽のとらえ方について記憶されていることでしょう。それは常に変りません。生命に基づく観点から見た「音楽」をまずつかまえることです。つまり、作品の生きたダイナミズムをそれのみで明らかにすることのできる、保留され、或いは帰結されるフレーズの展開を明快に見ていくこと、[42]次にこの「動き」から、緊張と弛緩のいろいろな要素、つまり形式と表情を作り出すものの関係を調べること、そして最後にこうした次元の内部において、積み重ねられた旋律線、つまり、響きと引力の法則を基にそれぞれ独自の範疇に構成され、互に堅く結びついた対位法と和声法を研究していくのです。私には《沢山の和音》を識別することが第一の要件であると思えたことは一度もありません。もとのただ一個の長三和音、つまり唯一の和音から生じたいろいろ
トゥリアッド ※

40　読者の皆さんに是非ともアルフレッド・コルトーによる交響的練習曲の「練習版」(サラベール版 No.5425)を検討することを薦めます。作品と「五つの遺作の変奏曲」の沿革に関する非常に興味深い注釈と、演奏についてのすぐれた助言とが収められています。

41　脚注39参照。

42　アルフレッド・コルトーが亡くなる直前にシエナのキジアナ・アカデミーで行なった最後の講座での言葉があります。《音楽には一つのことしかない。即ち問と答である》

な様相の創造的特性を、《中心》——古典的音構造における調的中心——の概念に照らし合わせることが重要なのです。この様相に言及することなくして、分析に真に豊かな内容を期待することはできません。

　音楽による文章の奥深い生命を見いだそうとする時、「調性と主題」が、調性体系においてその内的構造を構成する本質を明らかにする力をもっているのです。この点については既に何回となく言及しました。注意すべき第3の要素はエクリテュールの形態です。[43]「交響的練習曲」の主題でそのことを明らかにするでしょう。

主題

　仮に調性の進行が不明瞭もしくは曖昧なものであったとしても——ここでは全くそうではありませんが——初めと終りにある和音の連続の代わりに不意に現われる対位法的なデッサン（第8〜13小節）はそれだけで新しい《部分》、音楽の運びにおける一つの段落を確定するのに充分です。冒頭のゆっくりした4分音符のつながりとは逆に、8分音符のリズムの上に自由に展開される各声部の歌が同じく一つの新しいニュアンスを明らかにしています。そして、すべてが関連しているように、和声的状況においても同様に新しい状態が浮きぼりにされることになります。4拍或いは2拍による和音連結（第1〜4小節、第13〜16小節）と、4小節にわたる不動のドミナント・ペダル（第9〜12小節）が対比され、ペダルの安定性の上に動きのある旋律線が描かれます。この造型的、視覚的とも言える外観から、このページが三つの部分から成っていることに疑問をはさむ余地はなく、また旋律のフレージングとその和声的な背景が明確になってきます。

　厳密にはどうなっているのでしょうか。

　「主題」—一度ならずアルペジオで示される——が第1小節でまず主調の完全和音を繰り広げた後、旋律は順次進行によって最初の部分的な呼吸のところまで続きます。旋律はもっぱら調性機能を支える上で必要となる一つのデッサン

43　この点で、エクリテュールの知識と実践は、それを学ぼうとする者にとって正に完璧な演奏解釈に役立つものとなります。

に従っており、そのデッサンは支点となる音符によって描かれています（第2、3、4小節）。譜例39。

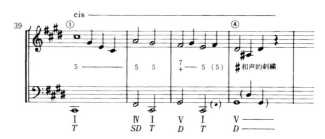

第4小節の保留の後、歌は始めと同じように始まり、大きく跳躍します。第6小節の3拍続くⅥ度の上に留まり、次に跳躍進行と順次進行が再びまざり合う旋律曲線（第6, 7, 8小節）を経て現れる平行調 E-dur での休息（第8小節）で、この最初のフレーズが終ります。譜例40。

備考　変化和音を示すのに考えられた数字付けの方法を思い出しましょう（調性和声 Harmonie tonale 97頁）。

　旋律について言えば、ここにはフレーズの二つの部分節——同じ長さの——のシンメトリーに基礎を置いた非常に美しい配列があります。そこでの旋律線は、1小節の分散和音の後、同じⅥ度の *a*（初めはⅣ度、次にⅥ度で和声付けされた）で表情的にリズム的に強調され、共に順次進行でその走行を完了しています。

　この第1～8小節間の配列は、全く単純かつ論理的な和声の構築と一致しています。

　とは言え、二つのことが問われます。

1. 第4小節は、主調のドミナント上の保留的な休息を強調するものでしょうか。或いはこのドミナント上での休息によってその「属調」gis-moll への抑揚変化を表わしているとは考えられないでしょうか。

二つの解答は共に容認できるものです。どちらが目論まれていたかは、それぞれの曲を見ることでシューマンに尋ねるしかありません。変奏Ⅰ、Ⅱ、Ⅲ、Ⅴ、Ⅵ（E-dur）、Ⅶ、Ⅷ、Ⅸにおいては、ドミナントの保留的な状況が認められるようです。それに対して、第Ⅳ変奏曲と遺作の第3曲（第4小節に$\frac{6}{4}$の和音があります）では、第3音の旋法音が長3度になった属調 gis-moll へのカデンツァによって休息的性格が表わされている（初めのフレーズの真中、第4小節）ことを疑う余地はありません[44]。

2. 第6小節の a の上で3拍続く和音は、その重要な長さ、高さ、表情のアクセントからして、一瞬 A-dur ともとれる曖昧さをもっているとは言えないでしょうか。ここでもう一度シューマンに尋ねてみましょう。シューマンはこの和音について、語らないか——練習曲Ⅲ、変奏曲Ⅵ——、この和音に普通の経過的な重要性しか与えないか——変奏曲Ⅰ、Ⅲ、Ⅴ、Ⅸ——、あるいは転調的抑揚変化としての価値を与えているか——変奏曲Ⅱ、Ⅳ、Ⅶ（第7、6小節）、Ⅷ——です。作者はどれか一つだけを重要視することなく、これら多様な可能性のすべてを意図的に活用して、音楽に《変化を与えている》ということが分ります。

主題部での第4小節に関する私の個人的な意見は、それ自身のドミナントによって「装飾的に刺繍された」Ⅴ度上のドミナントの性格を具えた保留であると思います。譜例39。

注5　第7小節のサブドミナントの変化和音に関しては次の研究を参照のこと。「サブドミナントの変化和音、調性体系の重要かつなおざりにされた概念」(La Sous-Dominante altérée, notion importante et méconnue du système tonal)[44-2]。

そこで説明していることは、そのフレーズの動きが、フレーズをトニック上の休息に導いていく時にのみ、完全な形をとるカデンツァ——サブドミナント（それが変化和音であろうとなかろうと）、そしてドミナント——の支えというものがトニックへ解決される力として必要であるということです。そこでは《ドミナントのドミナント》が用いられる理由がありません。

44　変奏曲Ⅸの中でこの保留的感覚について説明してあるので参照のこと。

44-2　《Revue musicale suisse スイス音楽雑誌》1967年7月〜8月号及びその次号に発表された論文。また《第5巻》第6分冊、熱情ソナタの最後の注を参照のこと。

何故なら唯一の重要なトニック、つまりその到来が期待されるトニックではない他のトニックに「注意をそらされる」ことは、求められている最終的な断定を弱めることにしかならないからです。これとは逆に、もしフレーズの動きがその走行の途中で停滞するような時には、転調がほのめかされます。しかし、末尾のカデンツァの設定があると、このほのめかしはその影響を与えられないまま必然的に消し去られます。フレーズの終りのIV—V—Iは、決定的にすべての曖昧さをしりぞけるほどの本質的な強い力をもっているのです。

主題部の第7小節では、a が ais ——要望される新しい調のIV度、つまりサブドミナントの変化音——に高められていることから生じる緊張感が、この音度をすべてが目指している新しいトニックに到達するための最も短く、最も確かな道であるドミナント h の方へ力強く引きよせています。この引力は抑え難いものですが、それは「進行中」のカデンツァ——ドミナントとしての h ——につながるのであって、h がトニックとなる（経過的であろうと）「完了」のカデンツァにつながるのではありません。調性組織がもつあらゆる特有な効力は、まさしく「同時にはただ一つのトニック」の支配しか許しません。ロマン派に特有な誇張によってこの装飾的な半音階進行——経過音——への呼びかけの頻度はさらに強まります。これは後世におけるクロマティスムの拡大を確かに予感させますが、確立された堅固な構造をぐらつかせるいかなる曖昧さもまだ現われるには至りません。[45]

注6　第9、10、11小節の動きの後、第12小節で2拍の間続く不動の $\frac{6}{4}$ の和音があることに注意しましょう。和音がもつ和声上の重みはこの2分音符の音価を支えるのに充分です。

また第10、11小節と第12小節の半ばまでのトニックの経過的な和声は、第9〜12小節での中間部全体の唯一の基本機能であるドミナントの長い刺繍音にすぎません。

注7　最後に注意すべき点は、第14小節の華麗なる g と、それがシンコペーションでひき起す和音上（2拍目の sfz ）での突然の休止です。まさにドミナントが解決しようという時にそれを妨げる g ‥‥。これは進路決定上の誤りなのでしょうか。これは考察に値する問題です。しかも、フェルマータなのです。私には「ナポリの6」の用法における新しい拡張としか思えません。「ここではそのドミナントによって代用されている」わけで、d はまさに発音されていないのです。譜例41。

45　第5巻第15分冊の《トリスタンの和音》についての研究を参照。

d は不在で、和音 *a* − *cis* − *e* − *g* によって暗示されているに過ぎなくても、この和声にその特性であるサブドミナント的傾斜が見られるのは明らかです。

第14小節の4拍目では秩序がすべて回復します。外声の優美な反進行――終結へ向かっての集中――の中で、フレーズはバスに VII、I、IV、V の進行を生じさせますが、期待される I は現われません。他のもの、つまり変奏曲 I が続くことを告げています。

この主題の高貴な美しさに注意しましょう。シューマンがこの主題から着想を得た作品の創造に厳しい態度でとり組んだということは、彼の最も傑出した成果の一つがこの主題によって得られたということです。

変奏曲 I

前の曲のレガートと対照的な力強い《スタッカート》のエクリチュールにもかかわらず、主題部の全体的な和声の基盤が見いだせます。異なるのは、最初のフレーズの休息（第8小節）が平行調にではなく、*cis* のトニックの上にあることです。

    A.   1 − 8   *T* → *T*

    B.   9 − 13   *D* → G, fis → *T*

    C.   13 − 16   *T* → *T*

繰り返される倚音の存在は豊かな旋律的生命を創り出し、とりわけ非常に際立ち、また非常に異なるリズムの特性が豊かな対照的な表現をもたらします。

第6小節では既に *d* によって明確に表わされるナポリの6の和音が現われ、第14小節に再び同じように現われます。

中間部の複雑さに注意しましょう。それは、主題部におけるよりはるかに音が多くなり、緻密になっています。倚音と変化音はリズムを変えることなく、一種の抒情的なアクセントをしっかり支えます。この新しい様相を支えているのは、主題部の第9、10、11、12小節に関して指摘したエクリチュールの変化です。つまり、この4小節間、非常に旋律的で多声的なレガートがスタッカートにとって代わります。第11小節の終りと第12小節の、まず遠ざかりそれから近づく旋律線の集合には、他の変奏にも見られる一つの「空間感覚」が含まれてい

ます。それはフォーレの「主題と変奏」で用いられるエクリチュールでの同じような配置を想い出させずにはおきません。

主題の暗示は非常に明確です。第5小節と第6小節の1拍目の *cis, gis, cis, e, a* がそれで、コルトーは《ホルンのように》と言っています。[46] 第1小節のバスの歌うような旋律線も同じように、主題のアルペジォの音符を反進行で聞かせます。譜例42。

変奏曲 II

《悲壮な》《広大な》とはコルトーの言葉です。小節数は主題部と同じですが、新しい主題による抒情的な要素が加わり、次のような表情的な拡大が生じています。

- 二つの主題の重なり。
- 非常に活気のある内声の伴奏部のエクリチュール。
- 蓄積する転調的抑揚変化(第4小節の継続するドミナントによる回避終止的な連結)。[※]
- 異なるオクターヴで同時に聞こえる歌の氾濫(第5、6、7小節)。第2主題が完全に優先し、音響空間を埋めつくします。
- 音域による対照、第5小節 *f* , 第6小節 *mf* , 第7小節 *ff* 。[※]

---

46 始めの継起する上行の入りには、コルトーはコントラバス、チェロ、ヴィオラ、ヴァイオリン‥‥と指示しています。

備考　第4小節の3拍目、4拍目で、sfzを伴なう旋律的な頂点 cis は次の掛留の不協和音を準備し、それを形成するシンコペーションはこの掛留音にすべての表情的な力を与えています。譜例43。

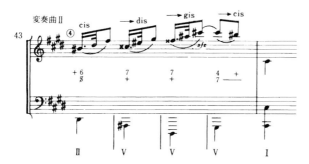

中間部では、表情のある旋律的要素、つまりソプラノとテノールの組み合せによる歌が主題を想い出させます。旋律の発展は次の通りです。
　—音程の一定の幅とその変化（第10～12小節）。
　—模倣の組み合せ（第11～12小節）。
　—音グループの収縮（四つの音符の代わりに二つの音符、1小節に2回の代わりに8回）（第11、12小節）。音質の発作のようなあえぐようなリズムが生じます。譜例44。

第14小節ではサブドミナント的な傾斜によって A-dur の方向が感じられます。第13小節の第2主題の再現部で《金管楽器》、また第15小節 ff では《オーケストラが演奏しているように》[47]とコルトーは言います。

47　音色の適切な指摘は、表情と音楽の色づけが和声の状態と密接な関係にあることを強く感じさせます。

練習曲 III

ヴァイオリンの技巧から考えられた曲のように思えます。和声の方向は再現部まで同じです。再現部ではトニックではなく、平行調に終結しますが（第20小節)、主題は暗示されるだけです。[48]

f と $cresc.$ がある中間部のエクリテュールは、既に指摘したように初めと終りの部分と対照的です。雄弁な一つの頂点が第12小節にあります。右手のフィギュレーションにもかかわらず、若干の実音をよりどころとする4声の旋律が重なってポリフォニーを形成しています。独奏部はテノールが受け持ちます。譜例45。

ナポリの6（d）は、装飾音ではあっても一瞬サブドミナントの方向に調性を屈折させる力をもっています。経過的な変化音はその必然的な進行に従って全く正常に動きます。譜例46。

変奏曲 III

《鋼鉄のようなリズム》で、とコルトーは言っています。

---

48 シューマンはこの時期にパガニーニの綺想曲をピアノ用に編曲していました。

2拍のずれをもったカノンで、特徴的な *sfz* が1拍目或いは3拍目といろいろに置かれています。一方の手が他方からの影響を受けないようにしながら *sfz* の音色を作るようにしなければなりません。

変奏曲 IV

非常にメンデルスゾーン的な喜遊曲です。

またカノンですが、今度は1拍のずれです。初めの2小節の1拍目と3拍目にある主題を見分けるのは簡単です。第4小節には、保留的な期待感の代わりにGis-Durへ終結する真の休息が設定されていると考えられます。

第7、8小節には、サブドミナントの変化和音を含んだⅥ（半音階的に変化した経過音 *c, fissis*）、Ⅴ、Ⅰのカデンツァがあります。ドミナントの長いペダルが第9～12小節にあり、曲は再びE-durで終ります。

変奏曲 V

シューマンは、ここで荒れ狂うような《ブラブーラ》を要求しています。他の2曲と同様に8度のカノンですが、その接近した漸次的推移（32分音符の間隔）は増大するダイナミズムを強調し、この変奏曲に激しい輝きを与えています。右手のレガートと、それに対照される左手の衝撃的なスタッカートに注意しましょう。そこには二つの別な場面があるのです。

ここにも *d* がありますが、常に装飾であって、転調にはつながりません。終結は主調です。

変奏曲 VI

完全に長調で書かれた初めての変奏曲です。

前の曲と終曲を除くすべての曲と異なり、この変奏曲は常に繰り返されるアウフタクトで始まります。しかし、第14小節では主題が明確に現われ、第17小節にも再現します。そこでは主題を受け持つ声部——右手——にアウフタクトが消え、他の声部だけがそれを続けます。アウフタクトは両手の不均等な進行を作り出し、非常に管弦楽的な効果をもたらしています（アウフタクトが前にある拍でのティンパニーの規則的な連打）。

変奏曲 VII

　最も美しい曲の一つです。《フランス風な》リズムの音型が曲全体の中に組み込まれています。ただ型に従うことからはほど遠いのですが、曲全体に見られる基本的な《オブリガート》、それにもかかわらず曲は見事な自由さを逆に保つなかで、一貫した気高いリズムにひたすら従いつつ、即興であるかのように展開します。

　主題は冒頭のアルページォの中に認められますが、反進行で表現されます。譜例47。

　各々の小節の中で、装飾的な要素、つまり2拍目と4拍目に力強く強調される刺繍音が表情を作り出し、1拍目と3拍目の実音に謂わばとって代わります。しかし和音は修正されることなく、その堅固で簡単な構造を保持します。譜例48。

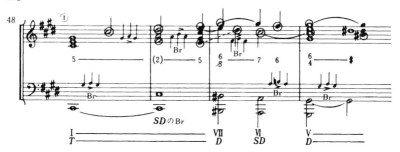

注8　この点に関しては遺作の変奏曲第1番の主題にみる例を参照のこと。旋律的な興味は豊かな装飾を通して、土台となるいくつかの音符に託されています。それらは各声部の走行に従いながら倚音、掛留音、また楽器上の必要性からのオクターヴでの変位によって飾られます。跳躍進行のように見える中にあって、すべては完全な順次進行をとっています。バッハに通ずる精神を認めない人がいるでしょうか。譜例49。

第3小節の連結Ⅶ－Ⅵに注意。

第5小節から第9小節にかけてのフレーズの後半部では1小節多くなっています。それは、A-durへの真の転調（第6、7小節）を準備するために、音楽の拡張が必要であるからです。しかし、転調でのカデンツァは終結しません。なぜなら、第7小節の a の上に、5の和音ではなく $^6_5$ の和音が形成されているからです。それはフレーズが続いていくことを示しています。《新しいトニック》の傾向をもつこの a はすぐに E-dur へ転調する軸としてサブドミナントに変わります。主題部と同じく、この転調の上で初めの休息が実現します。譜例49。

第10小節から中間部です。各々の変奏曲に再現され、ここではドミナント上で4回繰り返される低音のペダル——第10、11、12、13小節——で強調される主題のドミナント的な保留の感覚は、やはりエクリテュールの変化で強調されています。つまり大きな跳躍は、掛留音と半音進行が入りまじる順次進行に変ります。それぞれの要素は、ドミナントの支柱によって即座に束縛を受けるのです。ペダルの終りは一瞬 fis-moll に展開し、gis は第13小節の4拍目で fis-moll のドミナントの和音に溶け込みます。次にバスを含めたすべての声部は主調での終結に向けて再び動き出しますが、結果からみると、一瞬トニックとなるこの fis は、実はすでに終りのカデンツァを告げる大きなサブドミナントでしかなかったことに気付きます。第16小節の d は、第14小節の主題以降続いて存在するサブドミナント的な雰囲気に協力しています。旋律的なクロマティズムはすべての声部に常にあり、すでにフランクとヴァーグナーの到来を告げています[49]。譜例50。

---

49 バッハの「ロ短調ミサ」の「十字架につけられ」、シュッツ、モンテヴェルディの中のクロマティズムも想い出さなければなりません。「Harmonie tonale 調性和声」p. 216、217、218参照。

これらの「経過的」な変化音は、それらが小さなカデンツァを懸命に作っている時（第14小節）でさえも、主調を一瞬たりともおろそかにすることはありません。一時的な屈折——第14、16小節——にもかかわらず、cis-mollへの落下へと——第15、16、17、18小節——平然と進行する旋律線にすべてが付随しているのです。それは既に潜在的な《変化させない変化音》によるフォーレの手法です。
　この全く特殊なフィギュレーションによる表現の刷新は完璧です。素晴しい音楽です。

練習曲 IX

　アルページオの主題は音階に変り、主要な旋律がその中に認められます。譜例51参照。

　変格的連結がここにもあります（第4小節）。今やリズムは、主題部での1小節に4拍の代わりに、$\frac{3}{16}$での4小節（1小節に三つの和音）を一つの区切りとするように変っています。非常に軽い和音の連結による速い展開は、一種の身震いを感じさせますが、この展開は再びすべての旋律線の順次進行によって強調されています。すべては緊張の中にあります。つまり、ドミナントのペダルが第17小節に始まり、A′の部分はE-durで第33小節から始まり、第40小節のcis-mollで終ります。速く、そして逃げるような特性をもつこの曲は既に第40小節で終っています。残りの部分はIV−Iの変格終止を土台とする大きな終結的なコーダでしかありません。そして、aの音がそこで切り離される非現実的なアラベスクで曲は終了します。このaについてコルトーは《ホルンの音のように》と言っています。譜例50。

《急に窓をあけると一面に春！》[50]

注9　注目に値することは第41小節から第79小節までの高揚する終結部には、トゥレ——第65小節——が現われるまでにサブドミナントとトニックの二つの和音しかなく、それにトゥレが続いているだけだということです。このトゥレは「一見」ドミナントの和音から発生しているように見えますが、実際はトニックの最後の刺繡音でしかありません。それは既に長く繰り返されたサブドミナントの和音と同じ情況にあります。

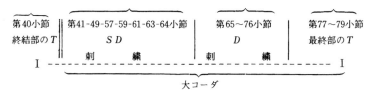

　以上の全般的情況からの結論は、このコーダ——全体の半分に及ぶ——ではその「挿入的特性」を保持し、シューマンが明示した第33—40小節の終結部の ff と、第41—64小節の最終部の f の区別を充分に守ることです。第41小節からコーダであることは和声の構成から明らかですが、さらに作者によるニュアンスはそのことを立証しています。

　勿論、ff は f と同様に作品のテンポと軽快な特性に対応する範囲の中で表現されます。

[50]　アルフレッド・コルトー

注10　私の考えの中で重要であり、前述の事柄の裏付けとなる考察は、曲の「和声リズム」つまり「和声的フレーズ」は、必然的に旋律的フレーズと一致するということです。

I　16小節　(cis)
- 1 − 8　4小節でできた二つの部分的要素
  - 1 − 4　T − T
  - 5 − 8　T − T
- 9 − 13　5小節でできた一つの部分的要素
- 14 − 16　3小節のエコー

全8小節

II　16小節
- 17 − 20
- 21 − 24
- 25 − 28
- 29 − 32

4小節でできた四つの部分的要素
ドミナント・ペダルとそれに続くペダル → E

III　8小節
- 33 − 40　4小節でできた二つの部分的要素
  - 33 − 36　E − E
  - 37 − 40　E − cis

コーダ　(cis)
39小節　41 − 79
- 41 − 48　8小節
- 49 − 56　8小節
- 57 − 58
- 59 − 60
- 61 − 62　2小節を4回　8小節
- 63 − 64
  - SDによる刺繍
- 65 − 76　12小節 - - - - - - - - - - - - - - - - - Dによる刺繍 → cis
- 77 − 79　3小節　cis

　これらすべての配列は曲の和声進行に正確に密着し、わざとらしさや曖昧さをもった部分は何もありません。曲の軽やかな飛翔を支配しているこの見事な構成は「音楽の機能」であり、取るに足らない均衡に音楽が従属しているのではありません。二つの和音の上ですべてが繰り返されているコーダ（第41～64小節）は、いかなる場合も《平坦に》弾くべきではありません。そこには音楽に生彩を与える素晴しいレリーフがあり、それを見出さなければならないのです。

注11　第17小節（ドミナント・ペダル）から第32小節にある空間感覚に注意しましょう。

gis のペダル—— 4小節
内声 e のペダル—— 8小節

この間他の声部は反進行で躍動します。

cis-moll の D - - - - - - - - → E-dur

すべては、完全に自由な感覚の中で完璧な均衡を保っています。

変奏曲 VIII

旋律的にも和声的にも主題が主導権を握っています。同じ長さです。ただ性格が異なります。強い意志をもち、たくましく、支配的で弱さはいささかもありません。再び、ソプラノとテノールでのカノンです。譜例53。

d が第5、6小節に見られます。第8小節に E-dur のカデンツァがあります。第15、16小節は終りのカデンツァです。第15小節の1拍目のV度音(バス)、つまりドミナントの異論のない調性音の上に通常の調的な重みを与えられた $\frac{6}{4}$ の和音が現われます。しかし、4度は解決されず、すぐに次のⅣ度上の和音に溶け込み、そのまま終りの和音まで保持されます。譜例54。

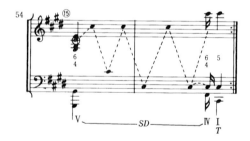

備考 中間部のドミナント・ペダルの上でバッハのペダルの場合と同じように $\frac{7}{4}$ と $\frac{6}{4}$ が交代して現われます。[51]

---

51 「イタリヤ協奏曲」のアンダンテ（第Ⅱ巻の補遺参照）。平均律クラヴィーア曲集の前奏曲 XVIとⅥ他。

同じサブドミナントの方に絶えず屈折しながら、相次いで現われるこれらすべての変化音の性格は、純粋に「装飾的」であることに注意しましょう。長い変格終止の回りで繰り返される刺繍音に他なりません。

変奏曲　IX

　さらに表情のある新しい雰囲気をもった曲です。gis-moll に移調された曲の中に主題部よりいっそう際立つ抒情的な主題を見分けるのは簡単です。この特性がここでは二つの声部に託されています。左手のバットマン*は静かな長い和音を発散しているだけで、その上で二つの声部が対話をします。

　「音楽の動き」をよく考察すると、第3小節の保留的で一時的な休息が第4小節の出を準備し、同様に第5小節の保留的、一時的な休息が第6小節にある次の和音を準備していることが分ります。従って、第3と第5小節の《動き》は完了しておらず、部分的な二つのカデンツァは共に全く保留的である、ということが明らかに推論されます。第6小節で、同じ調性の中ですべてが再開します。転調はなかったのです。

　ナポリの6（a）による重要な影響はこの第9番の変奏曲においても例外ではありません。実際、gis-moll での経過的な a がナポリの6でないとしたら何でしょうか。

　ここでもまた、コルトーは管弦楽法による色彩の全体を指示しており、ピアニストはできる限り各声部を個性化しながらこれに近づくよう努力しなければなりません。第1小節の上声はクラリネット、第6小節の1拍目はフルート、3拍目はクラリネット、第14小節はヴァイオリンと金管楽器、第16小節はフルートとクラリネット‥‥。シューマンがこれらの変奏曲のためにモットーとして考えていた《オーケストラ》を正しく鳴り響かせることは、ピアニストたちが楽器のもつ交響的な可能性をどれだけ意識しているかに係わる問題です。

他の多くの変奏において見られる主題の再現がこの曲の第14小節にあり、ここでデュエットの一方がオクターヴで重なることによってさらに鋭敏になった高音の響きが一つの頂点を作ります。この二重唱は初めの部分と同じように、穏やかな左手にもかかわらず動きの基調を背影に、洗練された、非常に均衡のとれた模倣様式の中で語り合います。バスは分散和音でできているわけではなく、二つの声部を支え、そしてそれを包む和声的な広がりとして存在しています。

　終りたくないかのように見える旋律が次第に消えて行きます。第19小節では８分音符はなくなり、第20小節では２分音符だけが残り、そしてすべてが消え去ります。

　《長く、長く 》とコルトーは言います。

　この素晴しいすべての変奏曲の中でさらに傑出した曲の一つです。

　この著作の紙面の都合上終曲（練習曲XII）は割愛します。その和声の研究には何も理解しにくい点はありません。代りに1837年の版には含まれていなかった五つの非常に美しい「遺作の変奏曲」に注意を向けることにします。

遺作の五つの変奏曲

変奏曲 I

　和声的な「骨組み」と「和声リズム」は、主題部の構造にほぼ従っています。主題の「旋律」は変りますが、基本的状態との関連は失なわれません。

　右手の音型は、取るに足りない《冗漫》につながるものは何もありません。むしろ逆に、各グループの高音部にあるいくつかの音符の非常にはっきりした繰り返しはこの音型に活気を与えています。このエクリテュールの形状の中には重なる4声部もの対位法的旋律があります。各々の声部は、全体にわたり、和音とその補足音を電光形に移動させながらそれぞれに固有な旋律を導き出していきます。演奏者はそのことをわきまえ、どれも重要なすべての旋律線の流れをたどり、それを培っていかなければなりません。譜例55。

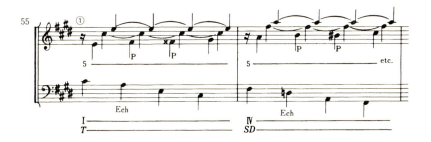

注12　私たちの講演の中で、一つの仮説がたてられました。それに従えば、このバスの a ——第1小節の2拍目——と d ——第2小節の2拍目——は、それぞれ gis と cis の解決されない倚音ということになります。この表現されない gis と cis の《実音》は、このようにしてもとのままの状態の和音を復元しているというわけです。熟考しましたが、私はこの見方にくみすることができないようです。つまり、こう考えることの魅力——思索的な観点からは可能ですが——は音楽の表情と合致しないのです。倚音——本来の《支え》——は、弱拍の上ではその特徴的なアクセントを発揮することができません。支えを構成することから程遠い、主題の変形としてのこの a と d は、むしろ逸音に結びつくものであると思います。それは和声も変えま

52　ジャン・グリベンスキー Jean Gribensky による。

せん。第1小節のトニック、そして第2小節のサブドミナント、それぞれは小節全体を占める単純な5の和音で現われます。譜例55。

いろいろに変化する主題の旋律線は、第9小節に始まる中間部で右手に移ります。内声とバスが主題部の同じパッセージで見せた順次進行、つまり静的な外観を保つ中で、上声の歌は高音部の $a, cis, g'($ $)$ に達します。この間にバスは経過音と倚音を含んだ半音階の上行を開始し、第12小節のカデンツァの通常の音度に終結します。譜例56。

シューマンは、第11小節の $gissis, ais, h, his$ にニュアンス── $mf, cresc.$ ※ ──を求めます。そして、第12小節の1拍目の異名同音 $fissis = g$ による調的なためらいがこのパッセージに趣きを添えますが、第12小節の終りではこれらすべての経過的変化音に関係なく主調が確実に回復されます。

変奏曲 II

これは全く特別な興味がもたれる作品です。自由で幻想的な一種の即興によって非常に美しく構成されています。

第1〜4小節、第13、14小節の装飾的なアラベスク（主題への一時的な暗示）が曲を縁どっています。

1. 主題の要素が見られる曲の初めには cis-moll（第5、6小節）と平行調への移行（第7小節）があります。

2. 曲の終り（第15〜17小節）には変格終止Ⅳ－Ⅰによる一種のコーダがあり、反進行によるアルページォの主題の想い出がつきまといます。譜例57。

中間部に使われるのはこの同じアラベスクです。再びドミナントの保留的要素が見られますが、ここにはトニック・ペダルがあります。譜例58。

変奏曲Ⅱにある助奏動機が第11、12小節（変奏曲Ⅱでは第1小節）に再び現われます。

この変奏曲に固有な新しい動機が加えられても、和声と主題に関する基本的な状態は変りません。この流れるような、装飾的な動機つまりとらえどころのない旋律線の広がりの中で順次進行する動機に対して、アルページォの主題は跳躍進行で、常にしっかりとアーティキュレーションされています。この動機の補助的な性格は初めから fis-moll の $\frac{7}{4}$ が支える和声によって強調され、完全に cis-moll に固定された全体の中でその「補助的な意味」がはっきりと示されています。

ここにはシューマンの偉大な構築性が見られます。均衡に満ちた、美しくも自由な手法が駆使され、再び二つの相対する要素のエクリテュールが作品を築き上げているのです。

変奏曲 III

非常に忠実な主題が第1～4小節のバスと中間部の第9、10小節にあります。

第4小節の gis-moll の「カデンツァ」では、新しいドミナント *dis* 上の $\frac{6}{4}$ の和音の重みが充分にそれを特徴づけていることに注意しましょう。譜例59。

第5小節では、第2小節と同じように上声部の新しい対旋律が主題の上で歌い、変奏曲 II の第15小節を想い出させます。譜例60。

第6小節。それは主題部第14小節と同じ傾斜、つまり「ナポリの6のドミナント」です。この和声（常に *d*）のさらに新しい形が第8小節に現われます。そこでは III 度上の $\frac{7}{+}$ に結びつきます。♯ が一つ少なくなったこのサブドミナント的な特性[53]というものは、最も変化のある用い方においても変りません。

フレーズは第8小節のドミナントの和声の上で保留されますが、主調でも平行調でもありません。

ここに高潔な、真心のこもった音楽が見られます。

---

53 「ナポリの6」であるこの和声的変化音の形体が次々に現われる変遷を時代と共に追っていくのは興味深いことです。「Harmonie tonale 調性和声」p. 219～222及び私の論文「ナポリの6について」(近刊) を参照。

変奏曲 IV

明らかに《ショパン》的であることは否定できません。[54]

和声的シチュエーションは主題部と完全に一致します。

I $\begin{cases} \text{変奏IV} \\ \text{主題部} \end{cases}$ $\begin{matrix} 1-9 \longrightarrow 10-16 \longrightarrow 17-23 \longrightarrow 24-28 \\ 1-2 \longrightarrow 3-4 \longrightarrow 5-6 \longrightarrow 7-8 \end{matrix}$

　　　　　　　　　cis　　　　　　　　　　　$D \longrightarrow E$

II $\begin{cases} \text{変奏IV} \\ \text{主題部} \end{cases}$ $\begin{matrix} 29-45 & D.\ T.\ D.\ T.\ D.\ T. \\ 9-12 & D-T-D \rightarrow D \end{matrix}$

III $\begin{cases} \text{変奏IV} \\ \text{主題部} \end{cases}$ $\begin{matrix} 45-\text{終結} & T\ (D)\ \text{ナポリの6の暗示} \rightarrow T \\ 13-16 & T & 〃 & \rightarrow T \end{matrix}$

上部或いは下部の装飾（第17小節と第21小節）を通して、主題が刺繍されながらくっきりと浮かび上がります。

第29〜45小節の中間部は初めドミナント・ペダル gis に充分な根拠をもった後、第35小節からバスが順次進行する旋律の形をとって動き始め、潜在する保留的なドミナントに暗に結びついている $\frac{6}{4}$ と $\frac{7}{+}$ の和声の中を音階に沿って下行します。

ここでまた下行するバスと上行する上声が互に少しずつ遠ざかり、既に触れた空間感覚が表現されます。

54　アルフレッド・コルトーも同じように考えています。交響的練習曲コルトー版 p. 52参照。

変奏曲 V

重要な和音——主題部のⅠ、Ⅳ、Ⅴ——が巧みに配置され、この和音の上で非常にシューマン的な魅惑にあふれる順次進行の旋律が内声部に浮かび上がります。そして、上声の対旋律には主題の控え目な香が漂います。譜例61。

奥深く和声を支えたバスの上に施される飛ぶように軽やかなエクリテュールは、左右の両極端に始まる反進行によってさらに強調されます。この反進行の動きは、重なり合った歌が波の上で揺り動かされているような印象を与えます。

第7、8小節の4拍目と1拍目にあるオクターヴの変化に注意を向けましょう。それは和声的シンコペーション[55]を避けるのに充分な効果があります。

第2部の第9～12小節では活気のある和声がドミナントの連結によって導き出されます。これらのドミナントは全体を統括するドミナント的基盤の上にあって、中間部の通常の転調的な意味に呼応しています。

```
                  Des --------------- Des
第9小節       7 --------------- 7     第12小節
              ├─────────────────┤
              D ───────────────→ D
```

主題部と同じく第2部のエクリテュールが変ります（第9～12小節）。表面に現われなくとも、内声部の一つの旋律が基盤をなす実音のつながりの中にあり、装飾的な伴奏の中で歌います。譜例62。しかし、上声部と下声部の規則的な8分音符に発展することはありません。

---

[55] 和声的シンコペーションとは弱拍から次の強拍にかけて同じ和音が繰り返されることです。

　第13－16小節の第3部では、第14小節の4拍目から第15小節にかけて主旋律とオクターヴの対旋律が平行して続きます。サブドミナントの変化和音——第15小節、3拍目の g 、4拍目の経過音 e ——があり、通常の終結のカデンツァがあります。
　ピアノ的な技法を駆使した非常に美しい作品です。

　若い芸術家がある作品を演奏しようとする時、無欠な技巧と音楽性を備えていればそれで充分でしょうか。私はそのどちらも不可欠であると考えますが、さらに、優れた作品に対してその芸術の秘密を深く、論理的に知るための長い間の努力が必要条件であると思います。私が本書の中でこうした秘密に注意を向けようとするのはそのために他なりません。

しかしながら、本来すべてを知り尽せない道程にあって、知識とその活用が成功をもたらす確かな保証となるわけではありません。熱意や知識以上のものが必要です。それ自体からのみ生じ、「あらゆる努力のかなた」にあって芸術家に卓越した真の技法を授ける素晴しくも不条理な「才能」が必要なのです。

　《創造することを学ぶいかなる方法》[56]もないなら、もはや演奏解釈を学ぶ方法もほとんどありません。《この演奏芸術はとらえ難く、服従と発意、制御と興奮、訓練と即興を同時に要求する》[57]のです。少なくとも、教師の役割とは、視野が広がる方向へ生徒を導き、洞察力と知性を備えた研究によって彼らが最大限の可能性を見いだせるように助けてやることです。

　《わが魂よ、何がお前を悲しませるのか》とベルナール・パリシーが自分に言ったのは、彼が長年求め続けた秘奥を仮借のない苦難の後にやっと見いだした時です。《お前は自分が求めていたものを見つけた。今から「研究が始まるのだ」》。

1965年　パリ郊外ソーにて

56　Wladimir Jankélévitch ウラジミール・ヤンケレヴィッチ

57　Yvonne Lefébure　イヴォンヌ・ルフェビュール。音楽雑誌「Contrepoint 対位法 N. 6」
p. 40, Rich. Masse, édit. Paris.

訳　者　注

変化和音 accord altéré
その構成音に変化音を持つ和音。

トゥレ trait
「演奏家のための和声分析と演奏解釈——J. S. バッハ」77頁訳者注参照。

和声リズム rythme harmonique
「演奏家のための和声分析と演奏解釈——J. S. バッハ」77頁訳者注参照。

動き mouvement
西洋音楽の大きな特徴は動きにあるとピエール・ブーレーズは述べている。私達はこの音から音への動きとその方向により大きな注意を払わなければならない。

保留 suspension
音の流れ（動き）が中断した状態。半終止→$\frac{7}{V}$，不完全終止→$\frac{6}{4}$（$-\frac{6}{III}$）、偽終止 V→VI，回避終止（後述の訳者注参照）一転調的、はカデンツァでの保留である。

落下
カデンツァ（演奏家のための和声分析と演奏解釈 —J. S. バッハ—77頁訳者注参照）の意味。カデンツァ cadenza の語源がcadere（落ちる）にあることを暗示している。

休息 repos
ギリシャ語のthesisに相当し、その対語はarsis（élan飛躍，躍動）である。現代の音楽用語ではarsisは上拍、thesisは下拍の意味に用いられるが、ギリシャ時代にはあらゆる芸術の根底に存在すると考えられていた概念である。

支点 point d'appui
長さ、強さ、リズム、音色等によって強調されるべき音、または和音。

デタッシェ détaché
ノン・レガート、レッジェーロ、スタッカート、スピッカート、スタッカティッシモ等の音と音を分離して奏する演奏技法の総称。

砂の男の優しい歌
砂の男 l'homme de sable(le marchand de sable)とは、砂をまいて子供達の目をとじさせ眠りにつかせるという伝説上の人物。

グループ・ペダル groupe-pedale
同じ音型が繰り返されてペダルの効果をもたらすもの。デッサン・ペダルとも呼ばれる。

二重刺繍音 broderie double
刺繍される音の上方と下方（またはその逆）に連続して配置された刺繍音。

二重倚音 appoggiature double
高さの異なる二つの倚音が一つの解決音に向かって横に連続しているもの。同時倚音 appoggiature simultanée, つまり同時に複数の倚音がそれぞれの解決音の前に置かれているものと区別される。

トゥリアッド triade
16世紀の理論家が完全長三和音に与えた名称。

回避終止 cadence évitée
偽終止の中に含めて分析されることが多いが、偽終止がⅤ→Ⅵへの進行によってⅤの次に期待されるⅠを遅らせたり、転調を誘発したりするのに対して、回避終止は完全に転調的である。「調性的和声」（生きている和声，第一巻，音楽の友社刊，森井恵美子訳）の中で使われている訳語を用いた。

mf
コルトー版（サラベール社刊）の中に見られるニュアンス。

バットマン battement
異なる音符が交互に、均等に繰り返される音型、あるい　その演奏を言う。

crescendo
コルトー版（サラベール社刊）の中に見られるニュアンス。

訳者略歴

1958年，東京芸術大学器楽科入学。クラリネットを大橋幸夫，三島勝輔の諸氏に師事。1960年，フランス政府給費留学生として渡仏。クラリネットをドゥリュアール，室内楽をブータール，和声学をベルノー，指揮をデルヴォーの諸氏に師事。現在，東京芸術大学助教授。
訳書　A・ドメル・ディエニー著「演奏家のための和声分析と演奏解釈」
　　──バッハ──

和声分析と演奏解釈・シューマン

著　者　A・ドメル－ディエニー

訳　者　細野孝興

発　行　1982年5月

発行者　南谷周三郎

発行所　株式会社シンフォニア
　　　　〒103-0014 東京都中央区日本橋蛎殻町1-30-4
　　　　TEL:03-3669-4966　　FAX:03-3664-3170

不良品はお取り替えいたします

演奏家のための
和声分析と演奏解釈 —バッハ—
ドメル・ディエニー著 細野孝興 訳

和声分析と演奏解釈は不可分であるという考え方を前提に練習しなければ巨匠の作品を再現することは不可能というのが著者の意見である。

ギュルデンシュタイン・ケルターボルン著
和声技法のエチュード
石桁真礼生・吉田雅夫 監修 竹内ふみ子 訳

和声は音感として身につくことが不可欠である。本書の目的は言葉だけにたよらず実音譜によって自ら弾くことによて音感を育てることにある

ディーター・デ・ラ・モッテ著 吉田雅夫 監修
大作曲家の和声
滝井敬子 訳

音と音の関係が意味するものを的確に読み取る力は正しい演奏の前提である。大作曲家が唯一の師であるという立場から和声の本質を探る。

テレマン著 山田 貢・須永恒雄 訳
通奏低音の練習
—— 歌いながら・弾きながら ——

通奏低音を理解するためには初歩的な基礎知識が必要である。テレマンは澄んだ豊かな和音を歌い弾きながらその近道を教えてくれる。

H・リリンク著 松原 茂訳
バッハ・マタイ受難曲
——演奏と解釈——

現代に生きる我々がこの曲をいかに演奏し解釈するかという問題に世界的指揮者であり学者でもある著者が明快に答えた話題の書。

ティンクトリス著 中世ルネッサンス音楽研究会訳
音楽用語定義集
付・ルネッサンス音楽への手引き

ルネッサンス音楽の黄金時代に出版された最古の音楽辞典の完訳。当時の音楽を知るための最善の資料。絶好のルネッサンス音楽入門書。

H・P・シュミッツ著 吉田雅夫 監修
演奏の原理
井本昀二/滝井敬子 訳

何千何万という作品を師に学ぶわけにはいかない。演奏の中にひそむ自然の法則と演奏家の自由の問題を演奏に役立つように解明した名著。

H・P・シュミッツ著 山田 貢訳
バロック音楽の装飾法
——譜例による器楽及び声楽の演奏習慣

ルネッサンス・バロック音楽の装飾法の問題を演奏家としての立場から演奏に役立つようにとらえた実践の書。装飾法理解のためのバイブル。

E・ハリヒー シュナイダー 山田 貢訳
チェンバロの演奏法
——技法・様式・史料

五十年にもわたって欧州のチェンバロ運動をリードし、数々の進歩的研究の基礎となった名著。チェンバロ音楽の演奏と理解のための辞典。

G・フロッチャー著 山田 貢訳
バロック音楽の演奏習慣
——バロック音楽の楽典

音符の奴隷となってはいけないと警告した著者が正しいバロック音楽の演奏のために貴重な指針を与えた好評を持続する名著。

H・ディーステル著 須永恒雄 訳
指揮者とオーケストラの間
序文・リヒャルト・シュトラウス

指揮者とオーケストラによる音造りの秘事を楽員の側から描き、大指揮者とは何人かを演奏批評とは別の新しい観点から解明する独特の指揮論